아포리즘 **철학**

아포리즘 **철학**

간결하고 매혹적인 철학에의 탐구

조중걸 지음

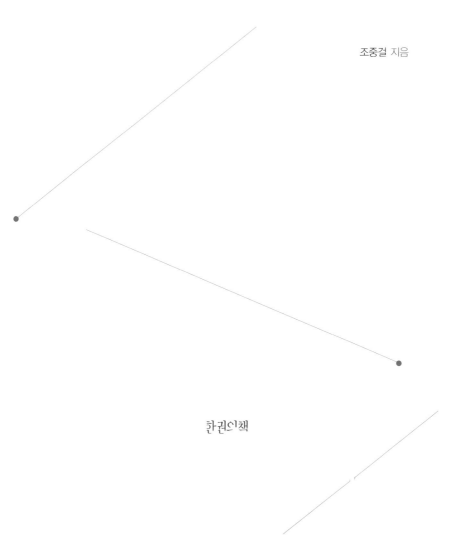

한권의책

철학의 고유성은 상당한 정도로 그 전문성과 낯섦에 있다. 거기에서는 독특하고 배타적인 전문적이고 개념적인 언어가 사용되며 논의는 일단 당연한 기지의 사실로 믿어지는 주제에 대한 재검토로 이루어진다. 현대 철학에서는 누누이 얘기되는 바이지만 철학은 더 이상 고유의 주제들로 이루어진 하나의 학문이 아니다. 그것은 오히려 하나의 활동으로서 일종의 검증 체계이다. 그것은 과정의 문제이다. 따라서 철학은 가르쳐지지 않는다. 가르쳐지는 것은 다만 철학하는 법일 뿐이다. 그러나 그 검증은 우리가 일상적으로 검증의 요구조차 부여하지 않는 기지의 사실을 놓고 벌어진다. 우리가 안다고 믿어온 사실이 당연히 그렇지는 않다는 사실을 밝힘에 의해 철학적 활동은 우리의 일상적 신념을 뒤흔든다. 이것이 철학을 낯설게 만드는 커다란 동기 중 하나이다.

결국 철학은 우리가 무엇을 모르는가를 말해주기 위해 존재한다. 오랜 철학적 탐구가 세계와 우리 자신에 대해 무엇인가를 말해주기를 기대할 수는 없다. 철학은 기껏해야 우리가 무엇을 모르는지, 왜 모를 수밖에 없는지, 새로운 앎은 어느 지점에서 개시되어야 하는지를 말해줄 뿐이다. 이것이 몽테뉴가 말한 바 "내가 무엇을 아는가?"의 의미이다.

따라서 철학은 우리에게 겸허하라고 말한다. 오랜 탐구 끝에 우리는 기껏해야 우리가 큰 무지에 잠겨 있다는 사실을, 또한 무지에 잠기는 것이 우리의 운명이라는 사실을 깨달을 뿐이다. 위대했던 니콜라우스 쿠자누스가 신과 관련해 "무지無知의 지知"에 대해 말할 때 그는 인간의 한계에 대해 말하고 있는 것이다.

따라서 이 책은 다른 모든 철학적 탐구가 그러하듯 우리의 지적 운명에 대해 많은 이야기를 할 것이다. 그럼에도 불구하고 이 책의 의의는 혼란과 낯섦 없이 철학의 본질에 접근하려는 시도를 하는 데 있다. 비교적 친근한 명제를 통하면 철학하는 즐거움이 갑자기 다가오기도 한다. 철학에서 명제의 의의는 수학에서 정의의 의의와 같다. 우리는 수학적 정의를 익히지만 그것으로 수학적 이해가 충분하다고는 누구도 생각하지 않는다. 정의에 대한 숙지와 거기에 따르는 연습문제에 대한 훈련만이 수학적 세계를 이해할 수 있게 해준다. 여기에서 정의는 수학의 가장 중요한 요소로 작동한다. 명확한 정의의 제시 없이 수학적 세계가 전개된다면 학생들은 훨씬 더 많은 수고를 해야 할 것이다.

긴 흐름의 철학적 저술 가운데 중요한 언명들이 가끔 제시된다. 그러나 이 언명에 대한 이해는 단지 이 언명을 들여다보는 것만으로는 가능하지는 않다. 중요한 언명들은 물론 희끄무레한 성운 가운데에서 반짝이는 핵이다. 그러나 그 핵은 주변의 성운들의 집약이다. 그러므로 이 언명들을 싸고도는 철학적 설명과 흐름이 이 언명의 유효성을 위해 절대 필요하다. 따라서 이 책은 철학적 명제에 관하여 그 명제의 동기와 포괄성을 비교적 자세히 설명할 것이다. 명제의 중첩이 곧 철학 세계이다. 이것은 정의의 중첩이 수학 세계인 것과 같다.

"실존은 본질에 앞선다"는 사르트르의 언명은 그것이 자주 인용되는 만큼 잘 이해되는 명제는 아니다. 오히려 반대이다. 이 명제는 인식론적 견지에서 매우 심오하고 까다로운 언명이다. 근대에서 현대로의 전환은 '지식 기반knowledge-based'에서 '존재 기반existence-based'으로의 전환과 같은 것이다. 근대는 세계를 이해할 수 있고 설명할 수 있다고 생각했다. 인간의 이성은 세계에 내재한 작동 원리에 대응하는 선험적 역량을 가지고 있다고 근대인들은 믿었다. 이러한 신념의 좌절이 곧 근대의 종말을 의미한다. 존재는 설명될 수 있는 것이 아니었다. 가장 궁극적이고 단순한 원인으로부터 존재가 연역될 수 있다는 신념은 단지 근대인들의 계몽적 환상일 뿐이었다. 왜냐하면 궁극적 원인의 참이나 존재가 확인되지 않기 때문이다.

상황은 역전된다. 원인이 먼저 있는 것이 아니다. 현존이 먼저 있는 것이었다. 따라서 실존이 본질을 요청하게 된다. 이것이 실존주의이다. 실존은 본질에 앞선다는 언명은 이를테면 역사학에 있어서 '현재는 과거에 앞선다'거나 인식론에서 '언어가 세계에 앞선다'거나 과학에서 '과학 교과서는 물리적 총체로서의 세계에 앞선다' 등의 언명과 대등한 입장에 있다.

이 책에서는 각각의 명제에 대해 위의 예증과 같은 탐구를 하게 된다. 철학은 쉽지 않다. 그러나 이것은 철학만의 문제는 아니다. 모든 의의 있는 지적 성취는 안일하게 획득되지는 않는다. 이 책은 단지 거기에 다가가는 길을 좀 더 넓히려 애썼을 뿐이다.

조중걸

CONTENTS

일러두기 ──────────

1. 이 책에서 소개하는 아포리즘의 순서는 해당 명제가 발췌된 원문의 출판연도에 따른다. 단, 철학사의 흐름에
   준해 약간의 순서를 조정하였다.
2. 각 아포리즘은 해당 원문이 아닌 영어로 병기하여 소개한다.

파르메니데스

존재는 하나이며 영원이며, 불가분이다

Everything that exists is permanent,
ungenerated, indestructible, and unchanging

파르메니데스Parmenides (B.C.515?~B.C.445?) ─────────────

엘레아 학파의 창시자. 실재(reality)는 하나이며 변화는 없고 존재는 영원하다고 주장하였다. 반면 감각
인식은 거짓이고 기만적이라고 말하였다. 그의 철학은 그 후의 서양철학에 상당한 영향을 미치고 특히
플라톤과 아리스토텔레스에게는 직접적인 영향을 미쳤다.

소크라테스 이전 철학도 하나의 철학사를 구성할 만큼 방대하다. 플라톤의 대화록에서 소크라테스는 과거의 철학자들에 대해 자주 언급한다. 탈레스 이래 아낙사고라스, 아낙시멘드로스, 엠페도클레스 등의 철학자들은 나름대로 세계의 총체성에 대한 해명을 시도했다. 소크라테스가 철학사에서 일으킨 가장 큰 혁명은 철학을 인간의 삶과 인식의 영역으로 끌어들인 것이다. 소크라테스 이전 철학은 소위 말하는 '자연철학natural philosophy'으로써 세계의 '물리적' 총체성에 대한 탐구였다. 이것은 현대적 용어로는 '자연철학'이 된다. 따라서 현대의 과학은 역사에 있어서는 오랫동안 자연철학이라 불리게 되는 바, 그것이 고유의 방법론에 의해 철학으로부터 독립해 나온 것은 17세기 말에 과학혁명이 뉴턴에 의해 완결되었을 때였다.

소크라테스 이전의 자연철학자 가운데 가장 영향력 있는 철학자는 파르메니데스와 헤라클레이토스였다. 이 두 사람은 이미 존재being와 운동movement의 두 물리적 요소에 입각해 세계가 해명되어야 한다는 사실을 깨닫고 있었다. 이때 운동은 물론 변화change도 포함하는 개념이다.

아포리즘 철학

파르메니데스는 존재를 본질로, 운동을 존재에 부속하는 것으로 보았다. 즉 세계는 하나One이며 변화나 운동은 환각이라는 것이다. 이러한 파르메니데스의 주장은 상식에 반하는 것으로 보인다. 우리는 변화 속에 있으며 이동이 매우 빈번하게 발생하는 삶을 살고 있기 때문이다. 그러나 파르메니데스가 존재의 고정성이 본질이라고 말하는 것은 모든 운동과 변화는 존재 안에서 발생하는 부수적 양상이라는 의미를 갖는다.

예를 들어 설계도와 건물에 대해 생각해보자. 이때 설계도는 존재에 해당되고 설계에 준한 건물은 운동이나 변화에 해당된다. 설계도에는 건물의 기본적인 골조가 제시되어 있으며, 여기에 준한 다양한 건물이 있을 수 있다. 그 건물들은 단일한 설계도에 근거하지만 서로 완전히 같지는 않다. 동일한 설계도에 대한 다양한 변주곡이 생겨난다. 이때 이러한 변주는 본질은 아니다. 파르메니데스가 생각하는 본질은 단지 설계도일 뿐이다.

파르메니데스는 세계에 대해서도 이와 같이 생각한다. 세계는 하나의 원리에 준한다. 단지 현존이 다양할 뿐이다. 그러나 그 현존들은 본질에 부속한다. 이때 본질은 어느 정도 관념에만 존재한다. 만약 우리가 삼각형을 생각할 때, 현존하는 삼각형은 무한히 많다. 그러나 삼각형의 정의definition는 단일하다. 즉 파르메니데스에게 있어서 존재란, 수학에 있어서의 정의와 같은 것이다.

존재와 운동에 관한 이러한 파르메니데스의 고찰은 그리스 철학에 매우 중요한 영향을 끼친다. 나중에 아리스토텔레스는 파르메니데스에 대해 "모든 술 취한 철학자 중 유일하게 제정신이었던 사람"이라고 평가하는 바, 이것은 그리스 철학이 취하고 있는 방향을 고스란히 드러낸 발언이다. 그리스 철학은 세계를 고정된 것으로 보고 현존을 거기에서 유출된 것으로 보게 된다. 따라서 플라톤이나 아리스토텔레스는 운동과 변화에 대해 매우 부정적인 입장을 갖는다. 나중에 베르그송은 "그리스인들은 운동과 변화를 두고 '사랑하는 두 사람 사이에 끼어들어 끊임없이 불안과 동요를 자아내는 것'으로 보았다"고 말하는 바, 그리스인들은 가장 완벽한 것이 구현되어 있다면 운동이나 변화에 노출되지 않는다고 생각하였다. 이것은 나중에 아리스토텔레스가 말하는 부동의 동자Primum Mobile Immotum의 개념을 낳게 된다.

헤라클레이토스

같은 강물에 발을 두 번 담글 수는 없다

No one can step twice in the same river

헤라클레이토스Heraclitus (B.C.540?~B.C.480?)

이오니아 지역의 에페소스 출신의 철학자. 영원한 변화에 처한 우주론으로 유명하다. 그는 상반되는 것의 통합을 주장했다. 그의 세계관은 현대에 와서 재조명되고 있으며 특히 브라만 철학과 매우 유사하다는 평가를 받고 있다.

앞에서 언급한 파르메니데스의 견해와는 상반되는 견해도 소크라테스 이전에 존재했다. 헤라클레이토스는 존재를 운동과 변화에 종속시킨다. 즉 세계의 본질은 변화이며 항구적이고, 무변화인 실재reality는 환각이라는 것이다. 따라서 세계는 모두 변화에 처해 있으므로 순간만이 존재하며 우리 역시도 순간만을 살 수밖에 없다는 것이다. 헤라클레이토스에 의해 소크라테스 이전 철학은 균형을 이루게 된다.

철학사는 존재와 변화 사이의 진자운동이라고 말할 수도 있다. 어떤 철학은 규준과 규범을 불러들여 세계를 질서 속에서 설명하고자 하고, 또 다른 철학은 질서를 해체시켜 연속적인 변화 도상 속에서 세계를 설명하려 시도한다. 이때 질서는 수학적 지성에 의해 그 토대를 제공받는다. 지성의 가장 커다란 특징은 기하학에 의한 도식의 제시이다. 즉 세계를 일반화하여 거기에 개념과 고정성을 부여하는 것이 지성의 역할이다. 따라서 지성은 모든 학문의 토대가 된다.

그러나 지성은 고정성의 관성을 가지고 변화에 대해 부정적인 태도를 지닌다. 우리 감각인식의 종합자인 지성이 오히려 감각 이전에 이미 존재하고 있던 것처럼 스스로의 신성불가침을 주장한다. 헤라클레이토스의 철학은 지성의 이러한 성격에 대한 비판이며 전체로서의 세계의 고정성과 무변화성에 대한 반대이다. 또한 이것은 절대주의에 맞선 상대주의의 세계관이기도 하다. 지성은 절대적인 세계를 구성하지만 반주지주의적 태도는 시간적 계기와 각각의 개인차에 따르는 상대주의를 구성하기 때문이다.

헤라클레이토스의 이념은 먼저 소피스트들에 의해 계승되지만 중세 내내 외면당하게 된다. 고대에 가장 큰 영향력을 행사했던 소크라테스, 플라톤, 아리스토텔레스는 기하학에 입각한 질서 잡힌 세계를 원했고 거기에 따르는 세계상을 구현한다. 이들이 보기에 헤라클레이토스는 한 명의 술 취한 사람에 지나지 않는다. 물론 아테네의 귀족정이 민주정으로 바뀌어가고 주된 산업이 농업에서 교역으로 옮겨감에 따라 존재에 대한 관심이 운동과 변화로의 관심으로 이전된다. 여기에 준해 새롭게 대두되는 일련의 상대주의 철학자들이 소피스트이다. 그들은 변화와 운동과 상대주의에 대해 말한다. 그러나 세계의 본질로서의 변화에 대한 본격적인 관심은 지성이 구축한 온갖 종류의 시스템이 붕괴한 20세기에 들어서 촉발된다. 특히 제1차 세계대전은 인간 지성이 구축하는 세계에 대한 전면적인 실망을 불러왔다. 이때 이후 지성은 붕괴되어 나간다. 이제 감각이 지성을 대체하고 변화가 존재를 압도한다.

소크라테스

나는 아무것도 모른다는 사실을 안다
I know that I know nothing

소크라테스Socrates (B.C.469?~B.C.399) ─────────────────

아테네의 철학자. 그러나 플라톤이나 크세노파네스, 아리스토파네스가 그에 대한 저작을 남기지 않았더라면 완전한 수수께끼에 잠겼을 인물이다. 철학을 윤리학적인 것으로 만들었으며 특히 인식론과 논리학을 처음으로 철학의 주요한 영역으로 도입하였다.

소크라테스의 의의는 철학사에 있어서 최초로 인식론을 존재론에 못지않은 중요한 주제로 철학에 끌어들였다는 사실에 먼저 있다. 물론 그는 철학적 탐구에 있어서의 방법론으로써 변증법을 도입하기도 했고, 추상적인 개념들의 엄밀한 정의를 시도하기도 했으며, 관습에 의해 무지를 지식으로 오인하고 있는 사람들에게 경각심을 심어주기도 했다. 그러나 소크라테스는 철학에 있어서의 이러한 모든 공헌보다도 철학적 주제를 우리 자신과 삶의 세계로 끌어들였다는 점에서 훨씬 큰 공헌을 하였다. 소크라테스 이래로 '나는 무엇을 아는가?'의 문제가 철학의 일차적인 문제가 된다.

소크라테스는 전통적인 귀족정의 아테네 사회가 점차 민주정의 아테네로 이행해 나간다는 사실에 불만과 불안을 지니게 되었다. 그는 민주정에서 통속성과 비천함밖에는 볼 수 없었다. 그에게 민주정은 단지 중우정치였을 뿐이다. 사회가 민주화되면 이제 다수결이 국가의 운명을 결정하게 되고 이때의 정치 지도자는 대중의 설득과 그들의 지지를 얻기 위해 애쓰게 된다. 이 경우 대중은 자신들의 요구와 국가의 전체적인 이익 사이에서 흔들리게 된다. 또한 정치가는 대중에게 영합함에 따라 무지와 선동이 여론을 지배하게 된다. 민주주의는 잘 교육받은 대중을 기초로 하지만 이것은 쉽지 않다.

소크라테스는 이러한 영합적 지도자들의 무식과 허위의식을 폭로해 나가는 와중에 민주정 지지자들에 의해 기소되고 재판받게 된다. 이 재판기록 중에 소크라테스의 자기 변론이 플라톤에 의해 기록되는데, 이것이 유명한 《변명Apologie》이다. 여기에서 소크라테스는 앎, 존재, 윤리, 사상과 언론의 자유 등에 대해 말한다. 소크라테스 역시 세계와 삶의 실재를 알 수는 없다는 자기 고백을 한다. 결국 자기 탐구와 자기 인식의 끝은 무지의 인식이라는 것이다. 그럼에도 불구하고 스스로가 아테네인 중 가장 현명하다고 말한다. 왜냐하면 그 자신은 스스로 모른다는 사실 정도는 알지만, 아테네인들은 모르면서도 안다고 믿기 때문이라는 것이다.

소크라테스의 이 언급은 만약 그 의미를 확장하면 그것이 지닌 설득력이 현대 철학에까지 이른다는 것은 분명하다. 현대 철학 역시도 실재와 현상 간의 고리를 끊기 때문이다. 소크라테스는 스스로가 현상에 갇혀 살고 있다는 사실을 알지만 다른 사람들은 실재에 살고 있다는 환상을 품고 있다고 말하고 있다. 그러나 철학은 결국 '말해질 수 없는 것what cannot be said'의 이야기이다. 철학의 끝은 무지의 인식인 것이다.

소크라테스

음미되지 않는 삶은 살 가치가 없다
The unexamined life is not worth living

역시 소크라테스의 《변명》 중에 나오는 말이다. 사람들은 소크라테스에게 묻는다. 왜 쓸데없이 사람들에게 정의와 규정을 들이대며 끊임없이 사람들을 괴롭히느냐고. 이에 대한 소크라테스의 답변이 위의 언명이다. 거기에 어떤 실천적 의미는 없다 해도 삶은 그 자체로서 탐구될 가치가 있다고 그는 말하고 있다.

소크라테스는 삶과 의미를 절대적으로 규정할 수 있는 어떤 원리가 존재한다고 믿는 바, 그것을 '지혜'라고 부른다. 그것은 어떤 실천적 쓸모를 갖고 있지는 않다. 그런 의미에서 그것은 순수pure한 것이다. 세계에는 세계의 존립을 지탱하는 어떤 내재적 원리가 숨겨져 있으며, 이것은 감각적 인식의 대상이 아니라 우리 사유에 의해 포착될 수 있는 것이고 거기에 우리를 일치시킬 때 우리 삶은 비로소 의미를 갖게 된다.

우리의 지식은 크게 순수한 지식과 실천적 지식으로 나뉜다. 예를 들면 순수과학이나 인문학은 순수한 지식이고, 의학이나 공학은 실천적 지식이다. 순수한 지식은 단지 지적 호기심과 윤리적 도리에 기초하고, 실천적 지식은 물질적 생산성의 향상에 기초한다. 안드로메다 성운에 대한 우리의 탐구가 지구의 땅 한 조각을 늘려주는 것도 아니고 땅 한 조각을 개간해주는 것도 아니다. 우주에 대한 탐구는 우리의 지적 호기심을 충족시키기 위한 것일 뿐이다.

만약 인간 행위의 규준을 법에 놓는다면 이것은 실천적 이유 때문이다. 그러나 그것을 윤리학 위에 놓는다면 그 동기는 '좋은 행위'에 대한 순수한 지적 탐구이다. 소크라테스의 '살 가치가 있는 삶'은 삶의 실천적 요구로부터 독립한 원리적 삶의 출발점에 대해 말하고 있다. 그는 우리로 하여금 끊임없이 우리 자신의 존재 의의와 앎과 무지에 대한 내적 반성 위에서 살기를 권하고 있다. 모든 검열 중 자기검열이 가장 중요하며 그것이 또한 윤리적 지침으로써의 양심의 형성이기 때문이다.

플라톤

조화가 곧 정의이다

Harmony is the justice

플라톤Platon (B.C.428?~B.C.347?) ───────────────

철학자이자 수학자로 아카데미의 창립자. 서양철학에 미친 그의 영향력은 결정적이다. 그는 철학, 논리학, 윤리학, 수사학, 수학 등과 관련한 36편의 대화록을 남겼다. 나중에 A. N. 화이트헤드는 서양철학은 전부 그의 철학에 대한 주석(footnote)에 지나지 않는다고 말한다.

플라톤은 《공화국Politeia》에서 정치철학의 근간은 정의라고 말한다. 그는 이 정의로움은 각자의 천품에 맞는 직업을 택한 사람들 사이의 조화에 의해 생겨난다고 말한다. 이때 가장 상위의 직분이 철인왕이고 그 다음이 군인과 관료로 이루어진 수호자 계급이며 마지막 계급이 생산에 종사하는 계급이다. 중요한 것은 각자가 분수를 알아야 한다는 것이다.

플라톤은 인간은 각각 나름의 천품을 타고난다고 생각한다. 이것은 교육으로도 어떻게 변경시킬 수 없는 것이다. 철인왕의 자질을 가지고 태어난 사람이 있는가 하면 수호자의 자질을 가지고 태어난 사람도 있다. 중요한 것은 자기의 천품에 맞는 분수를 가지는 것이다. 생산계급의 천품을 가진 사람이 수호자의 자리를 탐내거나 거기에 종사하게 되면 정의는 사라지게 된다.

여기에서 플라톤이 교육의 가능성에 근원적인 가치를 놓지는 않았다는 사실은 매우 중요하다. 플라톤은 교육에 의해 천품이 바뀐다고 생각하지 않는다. 그는 교육은 타고난 자질을 교양시키는 수단이 될 수는 있어도 없는 천품을 새롭게 갖춰줄 수는 없다고 생각한다. 이것은 논쟁의 여지가 많은 교육관이다. 플라톤은 그의 대화록《메논menon》에서도 "교육의 의미는 상기remembrance에 있다"고 말한다. 즉 교육은 우리가 이미 생득적으로 가지고 있지만 물질세계로 전락함에 따라 잊힌 원래의 지식을 기억나게 해주는 것이라고 그는 생각한다.

플라톤의 이러한 교육관은 파르메니데스 이래 세계의 고정성에 의한 것이다. 이데아의 세계는 고정되고 투명한 것이며, 현상은 여기로부터의 전락이다. 그러므로 교육은 이 이데아의 세계로의 재진입을 의미할 뿐이다. 이러한 교육 이론은 장 자크 루소의 교육관과는 상반된다. 루소는 인간을 만드는 것은 교육 그 자체라고 생각한다. 그에 따르면 우리는 교육에 의해 무엇이라도 될 수 있다. 루소와 동시대의 계몽주의자들이 사회교육을 중시했던 이유가 여기에 있다. 인간은 단지 백지일 뿐이다. 거기에 타고난 천품이란 없다. 여기에 어떤 경험이 새겨지냐에 따라 인간은 무엇이라도 될 수 있다는 것이다.

플라톤이 바뀔 수 없는 개인의 천품에 대해 말한다고 해서 그것이 신분제 사회를 의미하는 것은 아니라는 사실을 이해하는 것은 매우 중요하다. 그렇지 않다면 우리는 이 위대한 철학자를 오해할 수 있기 때문이다. 플라톤은 확실히 신분제 사회를 선호하며 그 철학적 기반을 귀족정에 두고 있다. 그러나 선택된 계급은 오로지 천품에 의해서만 결정된다. 철인왕의 후손이라도 지도자의 자질이 없으면 생산계

급이 되는 것이고, 생산계급의 후손이라도 천품만 있다면 무엇이라
도 될 수 있다. 공화국에서는 공동체의 어린아이들에 대한 공동 교육
과 검증 시스템이 작동된다.

이렇게 각자가 분수에 맞는 직분을 맡아서 각자가 최선을 다할 때
조화를 이루게 되고 이것이 정의로운 국가를 만든다. 플라톤은 민주
정에 반대한다. 국가의 운명을 결정하는 것은 생산계급의 견해에 입
각할 수는 없다. 그것은 지혜로운 소수의 문제인 것이다. 플라톤은 민
주정에서 중우정치를 본다.

소크라테스의 죽음은 귀족정 옹호자들과 민주정 지지자들 사이에
서 벌어진 분쟁의 결과이다. 귀족정이 패배하고 그 우두머리인 소크
라테스가 사형을 당한다. 아테네는 플라톤의 두려움에도 불구하고
가차 없이 민주정으로 이행하게 되고 철학은 이제 소피스트가 주도
하게 된다.

플라톤

신은 기하학을 한다

God does geometry

아마도 플라톤의 이데아론을 가장 함축적으로 말한다면, 그것은 '신은 기하학을 한다'가 될 것이다. A. N. 화이트헤드는 서양철학 전체가 플라톤 철학의 주석에 지나지 않는다고 말한다. 플라톤은 매우 날카롭게도 철학은 먼저 보편개념의 문제를 싸고돈다는 사실을 포착한 철학자이다.

우리는 보편개념 즉, 보통명사를 매개로 사유한다. 우리의 과학 교과서도 모두 보통명사로 그 기술이 이루어진다. 생물학 교과서는 누구의 어떤 특수한 위장이 아니라 위장 일반에 대해 설명하고, 물리학 교과서는 어떤 특수한 행성이 아니라 행성 일반에 대해 이야기한다. 일반화 없이는 고도의 사유가 불가능하다고 할 때 이 일반화의 전제가 바로 보편개념이다.

플라톤은 세계의 본질이 이 보편개념이라고 생각한다. 천상에 보편개념의 세계가 도열해 있고 지상의 개별적인 것들은 거기로부터 유출된 것이었다. 이를테면 천상에 꽃이라는 보편개념이 있고 지상에는 개별적인 꽃들이 존재한다. 이때 천상의 꽃이라는 개념은 경험론적 입장에서는 지상의 개별적인 꽃들로부터 추상화된 것이지만 플라톤은 오히려 천상에 이미 꽃의 보편자가 있다고 생각했다. 이것이 그리스 고유의 관념론이다. 보편개념에 대한 이러한 규정은 철학사 내내 선험성이라는 이름하에 치열한 논쟁의 주제가 된다.

플라톤은 보편개념이 실재한다고 믿는다. 그것들은 단지 우리의 관념상에만 존재하는 것이 아니라 현상세계와 분리된 곳에 존재한다. 이러한 이데아론은 중세에 이르러 '실재론realism'이라고 불리게 된다. 경험론적 입장에서 보자면 보편개념은 단지 추상화의 정도 문제이다. 예를 들면 식물은 꽃에 대한 상위의 보편자이다. 왜냐하면 꽃과 기타의 식물군들을 추상화했을 때 '식물'이라는 보편개념이 나오기 때문이다. 플라톤은 가장 고도로 추상한 것이 선재한다고 생각한다. 그리고 하위의 개념들은 그 보편개념에서 유출된 것으로 본다.

다시 말하면 경험론자들이 아래에서 시작해서 위로 올라가는 데 반해 플라톤은 위에서 시작해서 아래로 내려온다. 또한 경험론이 단일한 세계를 구축하는 데 반해 실재론은 이중적인 세계를 구성한다. 경험론은 우리 감각인식의 대상이 되는 개별자들의 세계만을 실재하는 것으로 본다. 즉 '개별자만이 존재한다(오컴).' 이 개별자들 외에 나머지 보편개념들은 단지 우리가 사물을 집합적으로 다루기 위한 우리의 개념적 가공물에 지나지 않는다.

반면에 플라톤은 이중의 세계를 구성한다. 먼저 천상에 이데아의 세계가 있고 지상에는 개별자들의 세계가 있다. 플라톤의 이러한 사고방식이 세계의 위계적 질서를 구축하게 만든다. 가장 추상화된 이데아로부터 현상세계에 이르기까지의 이데아가 구축되는 것이다. 이러한 위계적 세계는 지성적 사유를 세계 포착의 궁극적인 도구로 보는 관념론적 실재론의 전형적인 예이며 또한 정치적 귀족주의의 이념적 정당화를 제시하는 예이다.

이때 수학은 개념의 개념이며 사유의 사유이고 지성의 지성이다. 수학에는 어떠한 개별자도 없다. 거기에는 가장 순수하게 사유하는 추상적 보편자들만 존재한다. 그것은 차갑고 팽팽하며 얼음 같은 투명성을 지닌 세계이다. 이것이 플라톤이 수학을 자기 철학의 가장 중요한 요소로 본 이유이다.

우리는 두 마리의 양에서 '2'라는 숫자를 추상해낸다. 2라는 숫자 어디에도 양의 흔적은 없다. 그것은 두 마리의 양이라는 보편개념의 한층 더 추상화된 보편개념이기 때문이다.

플라톤

사슬을 끊고 빛의 세계로

From the chain to the light

역시 플라톤의 《공화국》에 나오는 말이다. 아마도 《공화국》이라는 제목의 저술 중 가장 아름답고 우아한 부분은 그의 '동굴의 우화'일 것이다. 플라톤은 우리가 처한 인식의 질곡은 우리의 감각인식이 현상세계에 갇혀 있기 때문에 발생한다고 생각하였다.

플라톤은 우리의 운명이 마치 동굴에서 사슬에 묶인 채 빛에 반사되는 그림자만을 보도록 고정된 존재와 같다고 말한다. 우리의 감각인식은 상대적이며 때때로 혼연하다. 동일한 온도의 방에 들어간다고 해도 우리는 각자의 상황에 따라 방의 온도를 서로 다르게 느낀다. 추운 곳에 있다가 들어온 사람은 방이 덥다고 느끼고, 더운 곳에 있던 사람은 춥다고 느낀다. 감각은 이렇게 상대적이다. 또한 우리의 시지각은 우리를 속인다. 물에 반쯤 잠긴 막대기는 구부러져 보인다. 플라톤이 구한 것은 영원하고 항구적이며 변화가 없는 것이었다. 따라서 플라톤은 이것을 감각에서 구할 수는 없다고 생각한다. 감각은 변덕스럽고 어리석어서 우리를 오도된 판단으로 이끌기 일쑤이기 때문이다.

그러나 감각인식의 문제는 이것만이 아니다. 우리의 육체적 욕망 역시도 감각적인 것이다. 플라톤은 인간이란 육신에 갇힌 영혼이라 생각한다. 육체적 욕구는 우리 영혼을 병들게 한다.

플라톤의 실재론은 근본적으로 우리가 감각인식의 혼연함을 벗어나야 할 뿐만 아니라 우리 또한 노력에 의해 벗어날 수 있다고 말한다. 우리는 사유에 의해 감각인식의 망을 돌파하여 지성적 인식에 다다를 수 있다. 플라톤은 우리를 묶는 사슬을 끊고 동굴을 벗어나서 빛 가운데 놓인 사물을 보아야 한다고 말한다. 이것이 지혜에 다다르는 유일한 길이다.

아리스토텔레스

모든 인간은 알고자 한다

All men by nature desire to know

아리스토텔레스Aristoteles (B.C.384~B.C.322) ──────────────

플라톤의 제자이며 알렉산더의 스승. 그의 학문적 업적은 물리학, 형이상학, 시학, 음악, 논리학, 수사
학, 언어학, 정치학, 윤리학, 식물학, 동물학에까지 미친다. 그의 저작은 서양 학문 전반에 걸치는 바,
그의 업적은 미학, 과학, 형이상학 등에 있어 항구적인 영향력을 미치게 된다.

"모든 인간은 알고자 한다." 아리스토텔레스는 그의 유명한《형이상학Metaphysica》의 서문을 이러한 구절로 시작한다. 이것이 바로 우리가 철학을 하는 이유이다.

아리스토텔레스와 플라톤은 철학의 이유에 대해 약간은 다르게 생각한다. 플라톤에게는 철학에의 추구가 윤리적 명령이다. 그것은 교양에의 추구일 뿐만 아니라 인간이 인간답게 되기 위해 의무로써 부과되는 것이다. 그러나 아리스토텔레스는 철학에 호기심과 즐거움 외에 다른 의미를 두지 않는다.

아리스토텔레스는 철학 사상 처음으로 지식의 여러 영역을 세분한 철학자이다. 그에게 이르러 논리학, 물리학, 미학, 형이상학 등이 분리되어 나온다. 그는 물리학은 철저히 실천적인 과목으로 본다. 물리학은 실용성 위에 기초하는 학문이다. 그러나 형이상학은 단지 교양과 내적 성장을 위해 필요할 뿐이다. 형이상학을 추구하는 이유는 알고자 하기 때문이다. 거기에 다른 어떤 의미도 없다.

아리스토텔레스

형이상학은 존재하는 것을 존재하게 하는 제1원리에 관한 탐구이다

Metaphysics is the pursuit of the first cause which enables
the being to be the being

이것은 형이상학의 정의에 대한 매우 유명한 아리스토텔레스의 발언이다. 역시 그의 《형이상학》에 나온다. 전통적인 철학자들과 과학자들은 현상이 어떤 실재의 결과라고 생각했다. 다시 말하면 현상은 분석과 연역에 의해 그 현상의 원인에 이를 수 있는 어떤 것이다. 이때 원인에서 현상에 이르는 것이 연역이고 현상에서 원인에 이르는 것이 분석이다.

이러한 개념은 우리가 유클리드 기하학의 모형을 생각하면 간결하게 이해된다. 유클리드 기하학은 다섯 개의 공준postulate을 가진다. 예를 들면 두 점 사이에는 직선을 그을 수 있다거나, 모든 직각은 서로 같다 등의 다섯 개의 공준이 있다. 이러한 공준을 왼쪽 편에 나열시키도록 하자. 다시 오른쪽에는 정리theorem의 집합이 있다. 아폴로니우스의 정리, 피타고라스의 정리 등이 그것이다.

이때 정리의 세계는 이를테면 현상의 세계에 비유할 수 있다. 우리는 정리의 근거를 증명에 의해서 분석해 들어간다. 이 증명 과정은 무한히 계속될 수 없다. 어디엔가 끝이 있어야 하는 바, 유클리드 기하학에서의 끝은 공리가 된다. 이때 이 공리가 존재하는 것을 존재하게 하는 제1원리이다. 그렇다면 공리의 참임은 어떻게 보증받는가? 아마도 아리스토텔레스는 그것을 자명self-evident하다고 말할 것이다.

아리스토텔레스의 형이상학적 시스템은 유클리드의 기하학적 체계와 비슷한 것이다. 우리의 감각인식에 노출된 현상의 세계는 만약 분석된다면 그것을 가능하게 한 제1원리에 닿을 수 있는 바, 아리스토텔레스는 이 제1원리에의 추구를 형이상학이라고 부른다. 아리스토텔레스의 형이상학에 대한 정리는 인간 사유의 가장 기본적인 양식 중 하나이다.

공준은 간결하나 정리의 세계는 무한히 다양하다. 심지어 우리는 아직도 새로운 정리가 나타날 수 있다고 기대한다. 그럼에도 불구하고 공준의 세계가 더 크다. 왜냐하면 모든 정리는 공준의 다양한 결합에 의한 것이기 때문이다. 중세의 신학자들은 '신은 단일하나 무한하다'고 말하는 바, 이것은 이를테면 공준의 세계가 단순하지만 그 결과는 무한하다는 유클리드의 기하학 모형과 같은 세계를 중세 철학자들이 생각했기 때문이다. 중세철학은 계속해서 제1원리causa prime와 원인 그 자체causa sui 등에 대해서 말한다. 그들은 자명하다고 믿어지는 세계의 출발점에 아리스토텔레스적인 제1원리를 상정한 것이다.

아리스토텔레스

존재는 이유 없이 증가해서는 안 된다

Entities are not to be multiplied without necessity

플라톤에 대한 아리스토텔레스의 공격은 플라톤이 세계를 쓸데없이 이원화시켰다는 데 집중된다. 플라톤이나 아리스토텔레스나 모두 관념론적이고 실재론적이긴 했지만 아리스토텔레스가 좀 더 현실적 삶을 고려했다는 점에서 아리스토텔레스의 철학은 플라톤의 엄격한 이상주의와는 다르다. 아리스토텔레스는 의사의 아들로 훈련받은 데다가 기질 자체가 좀 더 경험적이어서 현상세계에 대해 상당한 관심을 기울였다. 아리스토텔레스는 매우 다재다능했지만 출발은 생물학자로서였다. 그는 생물학적 분류에 몰두하는 가운데 현상세계에 관심을 가지게 되었으며 또한 감각적 즐거움에 대한 관심도 많이 가지고 있었다.

플라톤은 그의 《공화국》에서 음악을 제외한 다른 예술을 추방한다. 예술은 이데아의 모사인 현상을 다시 한 번 모사한 것에 불과하다고 말하면서. 그러나 아리스토텔레스는 예술을 수용할 뿐만 아니라 《시학Poetica》을 통해 그것을 적극적으로 해명한다. 예술은 현상의 모방일 수 있지만 자연의 모방일 수도 있다고 그는 말한다. 아리스토텔레스가 자연이라고 말할 때에는 다채롭고 변화에 처한 감각적 대상으로서의 자연을 말하는 것이 아니라 이러한 모든 것들을 가능하게 하는 실재로서의 자연을 말하고 있음을 이해해야 한다.

　아리스토텔레스는 플라톤이 이데아를 현상에서 분리시킨 것에 대해 불만을 표한다. 만약 이데아를 공통의 속성common nature이라는 개념하에 개별적 사물 내에 위치시키면 이데아의 독립된 세계를 또 하나 존재시킬 이유가 없어진다. 간결이 지혜의 요체이므로.

　아리스토텔레스는 이러한 존재론이 심지어 사물의 변화를 적극적으로 설명하는 이점이 있다고 말한다. 만약 사물 안에 이데아가 내재해 있다면 사물의 운동은 그 이데아의 실현을 위한 것으로 설명된다. 가령 어린아이가 성장하는 변화는 어린아이가 그 자신에게 내재해 있는 잘 성장한 청장년의 이데아를 향해 운동하기 때문이다. 마찬가지로 던져진 공이 운동하는 것은 그 위치의 이데아가 지상세계에 있기 때문에 지상을 향하고자 하는 속성 때문이다.

　이데아를 개별자 가운데 위치시키는 것의 이점이 아리스토텔레스에게 있어 어떠한 것이든, 철학적 경험론은 언제라도 세계를 간소화시키려는 노력을 한다. 경험의 세계는 우리의 감각인식에 의미를 부여하기 때문에 그 인식의 대상인 개별자만으로 충분하기 때문이다. 이때 플라톤이 이데아라고 이름 붙인 추상개념들은 단지 사물들을 집합적으로 용이하게 다루기 위한 이름들에 지나지 않게 된다. 이러한 새로운 사고방식은 중세 말에 이르러 윌리엄 오컴에 의해 집대성된다.

이렇게 세계의 간소화를 향하는 원칙을 '근검의 원칙the principle of parsimony'이라고 보통 일컫는다. 이 근검의 원칙은 중세 내내 잠들어 있다가 고딕 시대에 재탄생하게 된다.

아리스토텔레스

형상은 건설하고 질료는 방해한다

Form constructs, matter interferes

개별적인 사물에 이데아가 내재됨에 따라 이제 사물은 형상과 질료로 이루어지게 된다. 이때 형상은 말 그대로 사물을 이루는 원리로서 존재하는 것이고 질료는 그 원리를 채우는 감각적이고 물리적인 대상들이다. 예를 들어 하나의 건물을 상상해보자. 이때 건물의 구조적 토대를 이루는 골조가 이를테면 형상이라면, 그 형상을 채워서 건물에 실체를 갖춰주는 역할을 하는 시멘트나 철골 등은 질료가 된다. 그러므로 건물의 설계도는 하나의 형상으로 작동한다.

설계와 건축자재는 상당한 정도로 대립적인 입장에 있게 된다. 설계와 자재는 모두 건물을 구성하기 위해 필요한 요소들이다. 그러나 설계도는 거기에 저항하는 재료를 염두에 두어야 한다. 왜냐하면 자재는 설계가 극복해야 하는 과제로 작동하기 때문이다. 고딕 건조물의 설계는 날카롭게 하늘을 향하는 첨형 아치pointed arch를 가능하게 하기 위해 그려진다. 그러나 돌과 유리는 설계 이념이 지향하는 하늘로의 상승에 방해요소로 작동한다.

우리 자신도 마찬가지이다. 우리의 영혼은 좀 더 개선되고 완성되는 자신을 지향한다. 그러나 감각적 안일과 향락을 원하는 우리 육체는 영혼에 저항한다. 우리 자신은 형상과 질료의 전쟁터인 것이다. 이 때 형상을 완성시키려는 내적 충동을 아리스토텔레스는 '엔텔레케이아entelecheia'라고 부른다. 우리는 엔텔레케이아에 의해 자기 스스로 최선의 모습인 형상의 구현을 위하여 운동을 하게 된다.

인간이 만물의 척도이다

Man is the measure of all things

프로타고라스Protagoras (B.C.485?~B.C.410?) ──────────────────

트라키아의 압데라 출신. 직업적인 수사학 교사의 창시자로 알려져 있다. 플라톤의 대화록에서 "인간이 만물의 척도"라고 발언한 것으로 묘사된다. 이것은 만물은 인간과 독립한 실체를 지닌다는 플라톤이나 아리스토텔레스의 견해와는 정면으로 배치된다. 이 철학은 현재 포스트모더니즘의 철학과 같은 세계관하에 있다.

소크라테스, 플라톤, 아리스토텔레스 등은 그들의 차이에도 불구하고 모두 절대주의자였다. 그들은 어쨌건 초월적 진리의 가능성을 믿었으며 우리 자신으로부터 독립한 객관적 실재를 믿었다. 이러한 실재는 심지어 우리 인식으로부터도 독립해 있었다. 그것은 우리가 인식하건 그렇지 않건 거기에 존재했다. 따라서 이러한 철학은 당연히 이상주의적 질서를 가정한다.

소피스트들의 경험론과 상대주의는 이러한 절대주의적 이상론에 대한 최초의 심각한 도전이었다. 아테네의 주요 산업이 농업에서 교역으로 바뀌고, 정치체제가 귀족정에서 민주정으로 이행됨에 따라 철학도 거기에 준해 바뀌기 시작했다. 교역과 민주주의는 지성적 질서보다는 감각적 민활함에 더 많이 의존한다. 농업은 어쨌건 규칙성에 의해 지배받고 그 양식은 무변화이지만, 교역은 순간적인 운과 판단에 달려 있고 또한 시시각각 변화하는 상황에 처한다.

교역은 시장을 매개로 이루어지므로 시장에서 물품의 가치는 거기에 내재한 본래적인 것에 의해 결정되는 것이 아니라, 상품 외적인 수요와 공급의 법칙에 의해 결정된다. 절대적인 물품의 가격이란 없는

것이다. 이러한 상황이 상대주의를 부른다. 모든 가치체계는 신성불
가침한 어떤 것이 아니라 단지 상황과 조건에 매인 인간이 거기에 부
여하는 비중에 따라 결정된다. 가치는 결국 인간에게 달린 문제이다.
이제 존재가 아니라 변화가 더욱 중요해진다. 제우스는 폐위되고 변
전變轉이 새로운 왕이 된다. 그리고 이 변화는 인간에게서 독립한 가
치의 존재를 부정한다. 그것을 결정하는 것은 우리 자신인 것이다.

트라시마코스

정의는 강자의 이익

Justice is the advantage of the stronger

트라시마코스Thrasymachus (B.C.470~B.C.399)

보스포러스의 칼케도니아 시민. 플라톤의 《공화국》에서 소크라테스와 대립하는 정의론으로 유명하다.
그는 여기서 "정의는 강자의 이익이며, 부정의는 만약 그것이 충분히 큰 것이라면 정의보다 더 강하며,
자유롭고 포괄적인 것"이라고 말한다. 이러한 정의론은 마키아벨리에 이르기까지 완전히 묻혀 있게 된
다. 힘과 관련 없는 보편적 정의가 존재한다는 것이 서양 정치철학의 주류였다.

'해체deconstruction'는 현대를 이해하는 데 있어 매우 중요한 개념이다. 해체는 우리가 보편적이고 객관적인 것으로 규정한 추상개념 등이 사실은 이익 위에 기초해 있다-따라서 하나의 이데올로기이다-는 사실을 폭로하는 것이다. 예를 들어 사회주의 이념을 분석하면 그것은 동포애와 평등에의 희구에 의한 것이 아니라 단지 탁월한 사람들에 대한 질투심에서 나온 이데올로기라고 니체는 주장한다.

그러므로 이러한 해체는 현대만의 고유한 분석적 논리가 아니라 소피스트, 오컴, 마키아벨리 등으로 이어지는 폭로주의의 20세기적 양상일 뿐이다. 소피스트들은 아마도 최초의 폭로주의자들이다. 플라톤의 대화록에서 주인공인 소크라테스는 '정의justice'라는 개념이 우리로부터 독립해서 보편적인 것으로 존재하는 절대적인 개념이라는 사실을 정립하려 애쓴다. 이에 대하여 트라시마코스는 "정의는 단지 강자의 이익일 뿐"이라고 반박한다.

정의에 대한 이러한 규정은 엄청난 폭발력을 가진 것이었다. 이것은 하나의 선언으로써 상부구조는 인간의 요구와 힘에 의한 것, 즉 하부구조로부터 형성된 것이지 그 자체로 존재하는 것은 아니라는 새로운 이념이었다. 정의의 종류는 사람의 머릿수만큼 많다. 각자 생각하는 정의의 개념이 저마다 다르기 때문이다. 이때 사회 전체를 규정하고 통제하는 것으로써 정의의 개념은 단지 생존경쟁에서 승리하고 있는 사람들이 자신의 사회적 이념을 달리 부르는 것에 지나지 않는다.

정의에 대한 이러한 개념 규정은 기득권 계급에 커다란 타격을 가한다. 왜냐하면 현존하는 정의-주로 법률 속에서 구체적으로 구현되는 바-는 신성불가침하거나 천상적인 것이 아니라 단지 기득권 계급의 정당화와 심지어는 이익을 위해 봉사하는 것이라는 폭로이기 때문이다. 이 선언은 또한 현존하는 사회적 위계는 언제라도 변경 가능하다는 사실을 말한다. 정의가 고정된 것이 아닌 것처럼, 사회적 계급 또한 고정된 것은 아니기 때문이다.

플라톤의 이상주의와 소피스트들의 상대주의는 오늘날에 이르기까지의 철학사 내내 계속 충돌해왔다. 그러나 소피스트들의 상대주의는 현대에 이르러 완전한 승리를 거두고 있다. 이제 모든 텍스트는 하나의 신화로 불리고, 모든 개념은 이념으로 일컬어지고 있다.

아포리즘 철학

마르쿠스 아우렐리우스

모든 것은 우주가 시작될 때부터
이미 예정되어 있었다

Everything was presupposed when the univer·se begun

마르쿠스 아우렐리우스 Marcus Aurelius Antoninus (121~180) ───────

로마제국 오현제의 마지막 황제이며 스토아주의의 가장 중요한 철학자 중 한 명이다. 파르티아 전역 중
에 쓴 그의 《명상록(Ta eis heauton)》은 격변하는 운명 속에서 어떻게 심적 평정을 유지할 수 있는가
에 관하여 기술하고 있다. 스토아주의 철학의 가장 중요한 저서 중 하나이다.

자유의지free will와 결정론determinism의 문제는 윤리학에 있어서 가장 중요한 주제 가운데 하나이다. 이것은 단지 윤리적 결단이나 선택의 문제가 아니다. 윤리학적 행위는 형이상학적 인식론의 결과로써 나타나게 된다. 윤리적 행위는 형이상학이라는 나무에 열리는 열매이다.

실재론은 자유의지론을 부르고 경험론은 결정론을 부른다. 실재론은 이상주의적 보편개념, 즉 이데아가 실재한다고 믿고 또한 우리는 거기에 닿을 수 있는 능력이 있다고 믿는다. 우리는 우리의 자유의지로 거기에 이르는 길을 선택할 수 있다. 이것이 때때로 불가능한 것은 지혜를 향하는 우리의 의지가 감각과 정념에 의해 방해받기 때문이다. 이것은 우리의 의지에 관한 문제이다. 우리는 어느 쪽이든 선택할 수 있다.

기독교 철학은 자유의지에 입각한 인간의 자율적 선택을 믿는다. 이것은 기독교 철학이 바울을 통해 그리스의 실재론이라는 옷을 입었기 때문이다. 이러한 측면에서 보자면 실재론과 거기에서 비롯된 자유의지론은 인간의 가능성과 개선의 여지에 대해 낙관적 견해를 가진다. 세계의 주인은 인간이며 인간은 근본적으로 자율적인 존재인 것이다.

소피스트들이 플라톤이나 아리스토텔레스와 상반된 입장에 서는 것은 먼저 인식론적 견지에서 상반된 입장에 있기 때문이다. 플라톤이나 아리스토텔레스는 인간 이성의 선험성과 보편개념의 독립성과 객관성을 믿는 반면에—이것이 근대 세계에는 합리론으로 불리는 바—소피스트들은 인간의 이성은 훈련된 것이며 객관적 실체란 단지 우리 인식상에 맺히는 것에 대한 오도된 객관화라고 생각한다. 간단히 말해 소피스트들은 경험론적 입장에 선다.

인식론적 경험론은 실재와 현상을 분리시키므로 존재하는 것은 오로지 현상뿐이다. 실재론하에서는 실재에서부터 현상이 연역되고 현상에서 실재가 종합되었으나, 경험론하에서는 실재에 대한 인식이 불가능하다는 전제가 자리 잡게 되면서 현상만이 덩그렇게 남게 된다. 현존의 원인이 증발하는 것이다. 이제 우리는 전통적인 의미에 있어서의 '앎'을 포기하게 된다. 이 세계는 어떤 필연에 의해 존재한다고 말할 수 없게 되었다. 원인을 모르기 때문이다. 이 경우 우리는 미지의 세계에 던져진 존재가 된다. 소피스트들과 견유학파와 에피큐리어니즘epicureanism을 거쳐 스토아주의에 이르는 고대 말의 철학은 이와 같은 경험론적 인식론 위에서 전개된다. 최초의 실존주의는 이때 이미 발생했던 것이다.

우리는 알 수 없는 사실에 대해서 무기력해질 수밖에 없게 된다. 알 수 없을 때에는 우리의 영향력을 행사할 수 없기 때문이다. 이때 우리는 운명론자가 된다. 모든 것은 우리의 의지와 상관없이 전개된다. 우리와 관련 없이 전개되는 운명을 믿는 것이 결정론이다. 이때의 윤리학은 인내와 체념과 수긍이다. 마르쿠스 아우렐리우스 황제의《명상록Ta eis heauton》은 이러한 스토아주의적 결정론을 바탕으로 하고 있다. 모든 것은 태곳적에 이미 결정되어 있다. 우리는 단지 현존에 최선을 다하는 것 외에 다른 행동의 준칙을 가질 수 없다.

아우구스티누스

믿지 못하면 이해하지 못할 것이다

Unless you believe, you will not understand

아우구스티누스Aurelius Augustinus (354~430) ——————————————

히포의 주교. 철학자이며 신학자. 마니교에서 기독교로 개종한 후 플라톤 철학을 기독교 철학에 도입했다. 그의 구원론과 은총론은 나중에 종교개혁 때 칼뱅에 의해 갱신되어 사용된다. 초기 교부 중 가장 영향력 있는 신학자라 할 만하다.

초기 교부들이 직면한 큰 문제는 두 가지가 있었다. 하나는 현실적인 문제로써 로마 황제와 기독교인들 간의 갈등이었다. 기독교는 일신교의 기본적인 특징인 제정일치의 성격을 지니고 있었다. 즉 교권이 어떤 세속 권력보다도 상위에 있는 권력이 되어야 한다. 그러나 이러한 신정 정치적 이념은 세속적인 고대 국가에서는 완전히 낯선 것이었다.

그리스와 로마는 기본적으로 인본주의적 이념을 지닌 고대 국가였다. 인본주의는 인간의 지성이 세계의 본질을 포착할 수 있다고 믿는 이념으로, 인간 이성에 대한 신뢰에 바탕을 둔다. 이러한 이념하에서는 인본주의적 권력 위에 신을 둘 수 없었다. 신을 인간 위에 두면서 동시에 인간을 신에게 예속시키는 것은 고대 국가의 사람들에게는 이해할 수 없는 것이었다. 이러한 이념은 동방세계의 특징이었다.

교부들이 해결해야 할 두 번째 문제는 고대 국가의 말기에 세계 철학자들을 물들이고 있었던 회의주의의 유행이었다. 소피스트로부터 시작된 경험론과 상대주의는 결국 불가지론과 회의주의에 이를 수밖에 없었다. 그러나 새로운 기독교 철학은 다시 한 번 인간에게 실재론적 확신을 심어줘야 했다. 즉 고대 이데아의 자리에 기독교적 신을 가져다놓음으로써 회의주의를 극복해야 했다. 그러나 회의주의의 가장 대표적인 주장은 우리가 지닌 지식의 확실성을 보장할 근거가 어디에도 없다는 것이었다. 우리가 가진 지식의 근거가 우리의 경험에 있다면 지식의 선험성이나 객관성은 보증받지 못한다. 왜냐하면 우리의 지식은 경험의 희미한 누적 외에는 아무것도 아니기 때문이다. 더구나 경험에 대한 우리의 종합은 시대와 지역에 따라 상이해진다. 만약 우리의 지식이 모조리 경험에서 온 것이라면 신앙의 입지는 극도로 협소해진다. 왜냐하면 신은 우리 감각인식의 대상이 아니기 때문이다.

아우구스티누스는 신의 존재를 통해 우리 지식의 확실성을 보장받을 수 있다고 말하며 회의주의의 극복을 선언한다. 신의 빛에 비추어 우리는 사물을 올바로 파악할 수 있다는 것이다. 우리의 지성은 신의 인도에 따라 사물을 올바르게 바라보고 올바르게 판단할 수 있다. 즉 신의 존재에 대한 믿음이 있어야만 세계에 대한 이해가 가능하다고 그는 말한다. 또 다른 교부인 사도 바울 역시 "이제 내가 산 것이 아니라 내 안에 오직 주 예수 그리스도가 사신 것이다"라고 말하며 이성의 지도자로서의 신을 전면에 내세운다.

이때 믿음과 이해는 신앙과 이성이라는 새로운 이름 아래 계속 해결되지 않는 문제로 남는다. 신앙과 이성은 충돌하는 것인가? 그렇지 않다면 어느 것이 더 우선되어야 하는가? 이 문제는 결국 교권과 세속권의 다툼으로 나타나게 된다. 이 두 개념이 중세 내내 대위법적으로 서로 얽히게 된다.

아우구스티누스

안셀무스

개념은 머릿속에 뿐만 아니라
현실에도 존재한다

Ideas exist not only in our mind but in reality

안셀무스 Anselmus (1033~1109)

베네딕트파의 승려이자 철학자이며 캔터베리의 주교. 스콜라 철학 양식의 개시자로 알려져 있으며 특히 신의 존재에 관한 존재론적 증명으로 유명하다. 우리 개념 속에 있으면 세계 속에 실재한다고 강력하게 주장하였다.

아마도 이 언급만큼 안셀무스 신학의 성격뿐만 아니라 실재론적 이념을 잘 드러내는 선언도 없다. 이 발언은 안셀무스의 유명한 존재론적Ontological 신의 존재 증명 가운데에서 나온 것이다.

우리 머릿속에 어떠한 개념이 있다면 그것은 또한 실재하는 것이라고 안셀무스는 말한다. 예를 들어 우리의 머릿속에 삼각형이라는 개념이 있다면 개념으로써의 삼각형은 개념으로만 존재하는 것이 아니라 천상에 실재한다는 것이다. 이러한 실재론은 이미 〈요한복음〉에도 나온다. "태초에 말씀이 계셨으니… 그 말씀이 곧 하나님이라"고 이 복음사가는 말한다. 이때 말씀은 명사를 일컫는 것이고 이것은 곧 개념을 지칭하는 것이다. 다시 말하면 '하나님'이라는 개념은 곧 실재하는 하나님을 가정하고 있다는 것이다.

그러나 이러한 실재론에는 해결해야 할 문제가 있다. 우리 머릿속에는 키메라나 스핑크스와 같은 개념이 있지만 이러한 것들은 실제로 존재하지 않는다. 이러한 반박은 당시 가우닐론이라는 다른 신학자에 의해 제기된다. 이에 대해 안셀무스는 즉시 그러한 환각은 신에 의한 것이 아니라 인간의 결여 때문이라고 반박한다. 즉 믿음이 충분하다면 그러한 개념을 하나의 의미 있는 개념으로 머릿속에 품지는 않는다는 것이다. 그러나 안셀무스의 이러한 옹호는 곧 악순환에 빠진다. 개념에 의해 신이 보증받지만, 개념은 또 다시 신에 의해 보증받아야 한다는 것이다.

현대의 논리학적 관점에서는 안셀무스의 실재론은 독단이 되고 만다. 왜냐하면 현재의 인식론은 경험론이 옳다고 인정하는 바, 모든 개념은 개별적인 것으로부터 추상된 것일 뿐이기 때문이다. 즉, 개념은 실재에 의해 보증받는 것이 아니라 단지 감각인식의 종합일 뿐이다.

안셀무스의 이러한 실재론은 이미 당대에 로스켈리누스, 아벨라르두스, 오컴 등이 제기하는 격렬한 반박에 맞닥뜨린다. 이러한 실재론과 그에 대한 반박이 신학에 응용된 아리스토텔레스의 철학을 둘러싸고 벌어질 때 그것은 곧 유명한 보편 논쟁이 된다.

토마스 아퀴나스

신은 절대적으로 현실적인 것이며 순수 현실태이다

God is his action. He is pure action, Actus Purus

토마스 아퀴나스 Thomas Aquinas (1225?~1274) ─────────────────────

이탈리아 출신의 신학자이자 로마 가톨릭 교회의 사제. 중세 말의 유명론과 그 후의 근대 철학은 거의 대부분 토마스 아퀴나스의 철학에 대한 반발 혹은 동의로 이루어진다. 그의 《신학대전(Summa Theologiae)》은 당시에 팽배해 있던 아리스토텔레스의 철학을 신학에 응용한 것으로, 서양신학에 있어 절대적인 영향을 미치게 된다.

13세기에 교황청은 심각한 문제에 직면해 있었다. 그때까지 유럽 사회에는 거의 알려지지 않았던 아리스토텔레스의 철학이 처음으로 아라비아를 거쳐 소개된 것이었다. 아리스토텔레스의 철학은 과학적 엄밀성과 경험적 세계에의 관심 등으로 인해 단숨에 당시의 대학사회를 휩쓸고 있었다. 그때까지의 기독교 철학은 플라톤 철학에 기반한 것이었다. 플라톤 철학이 보편개념의 세계를 천상에 실재화시키고 지상세계의 개별자들을 단지 거기로부터의 유출물로 간주할 때 기독교 철학 역시도 천상에 신과 천사들의 위계를 설정하고 그와 비슷한 위계로 지상세계의 인간관계를 설정했다. 이것이 유비론the principle of analogy이다.

아리스토텔레스의 철학은 세계를 이원화시키지 않는다. 보편자는 형상이라는 이름하에 각각의 개별자 속에 위치해 있었다. 아리스토텔레스 역시 지상세계의 위계성은 인정하고 있었다. 개개의 사물 속에는 현실태와 가능태가 있다. 현실태는 그 사물의 목적인이다. 즉 개별적 사물의 완성된 형태이다. 한편 가능태는 그 사물의 현존이다. 즉 미완성의 가능성만을 가지고 있는 상태이다. 아리스토텔레스는 사물은 가능태에서 현실태를 향하는 내적 충동을 가진다고 말하는 바 이 것이 엔텔레케이아entelecheia이다. 이때 중요한 것은 현실태가 시간 적으로는 나중에 오는 것이지만 논리적으로는 선험적으로 규정되어 있다는 것이다.

분자생물학의 한 예가 아리스토텔레스 철학의 의미를 밝혀줄 것이 다. 도토리가 상수리나무로 성장한다. 이때 도토리에 들어 있는 DNA 가 이를테면 현실태이고, 도토리에서 상수리나무로 성장해가는 모든 과정은 가능태에 처해 있는 상황이다. 도토리에는 이미 상수리나무 의 형상이 들어 있다. 즉 현실태는 이미 들어 있다. 단지 그 구현만이 남아 있을 뿐이다.

모든 운동과 변화는 가능태가 현실태를 구현하기 위해 행사되는 과정이다. 린네의 생물 계통도를 생각해보자. 그것이 바로 아리스토 텔레스가 생각하는 세계였다. 개별자에서부터 보편개념의 추상성을 통해 점점 더 고차적인 세계가 전개된다. 이때 현실태가 언제나 고차 적 개념이다. 운동과 변화는 현실태에의 추구이다. 만약 어떤 대상인 가가 충분한 현실태를 구현하고 있다면 변화와 운동의 이유가 없다. 어떤 것인가는 스스로의 현실태와 좀 더 고차적인 것들의 현실태에 대한 사유를 한다. 그것을 닮고 싶기 때문이다. 그러나 가장 고차적 인 대상이 완전한 현실태를 구현하고 있다면 이제 그것은 정화되게 되며 스스로에 대해서만 사유하게 된다. 이것이 결국 최고의 현실태이다.

토마스 아퀴나스는 이 최고의 현실태를 신으로 간주한다. 그가 "신은 절대로 현실적인 것이며"라고 말할 때 그는 이것을 말하고 있는 것이다. 아리스토텔레스는 이 궁극적인 현실태를 '부동의 동자Primum Mobile Immotum'라고 부른다. 즉 이 현실태는 스스로는 운동하지 않지만 자기에의 희구에 의해 다른 것들을 운동시킨다. 왕은 군림하나 통치하지 않는다. 최고의 신은 단지 모범에 의해 다른 사물들로 하여금 사랑의 운동을 이끈다. 사랑받는 사람이 무엇을 함에 의해서가 아니라 단지 사랑받는 가치에 의해 상대편의 행동을 변화시키듯이.

토마스 아퀴나스는 아리스토텔레스의 철학을 빌어 신을 순수 현실태라고 부른다. 중세의 여명기를 자못 혼란스럽게 했던 아리스토텔레스의 철학은 토마스 아퀴나스의 《신학대전Summa Theologiae》을 통해 다시 한 번 기독교 철학에 편입된다. 그러나 아퀴나스의 이러한 노력도 결국은 무용한 것이었다. 세계는 오히려 오컴이 제시한 유명론의 길을 따라갈 것이기 때문이었다.

윌리엄 오컴

개별자만이 존재한다

Only particulars exist

윌리엄 오컴 William of Ockham (1285?~1349) ─────────────────────────────────

영국 프란체스코 수도회의 승려이며 스콜라 철학자. 영국 서리(Surrey) 주의 오컴에서 태어났다. 안셀무스에 반대되는 유명론을 전개시킨 철학자로 널리 알려졌으며 근대에의 길(Via Moderna)을 연 새로운 인식론을 전개한다. 그의 면도날(razor)은 쓸모없는 실재에 대한 관념을 베어낸다는 의미이다.

현대 세계관의 입장에서 중세를 바라볼 때 오컴은 중세의 모든 철학자들을 통틀어 가장 중요한 위상을 차지할 것이다. 그는 견고하게 유지되던 중세의 실재론을 논리학을 통해서 붕괴시킨 인물이다. 그에 의해 교권계급과 중세 세속 귀족계급의 정당성은 심각하게 위협받게 되고 세계는 점점 '근대에의 길Via Moderna'로 접어들게 된다.

새롭게 유행하게 된 아리스토텔레스의 철학에 따라 이제 실재론은 이데아 대신 공통 본질common nature이라는 명칭으로 보편개념을 다시금 규정하게 된다. 즉 보편개념은 개별적인 사물들 사이에 위치하는 바, 개별자들은 그것을 류class적으로 일반화시키는 보편개념과 그것에 개별적 성격을 부여하는 우연성accidents을 동시에 지닌다. 이때 보편개념은 '보편자universalia'라고 불리게 된다.

전형적인 중세의 실재론은 "보편자는 실재로서 사물에 앞선다Universalia sunt realis ante rem"고 주장한다. 이에 대해 오컴은 "보편자는 단지 이름뿐으로 사물 뒤에 위치한다Universalia sunt nomina post rem"고 말한다. 즉 보편개념은 실재론자들이 주장하는 바와 같이 선험적인 것이 아니고 단지 개별자들의 유사성에 의해 거기에 붙여진 집합적 이름들nomina이라고 오컴은 말한다. 오컴의 새로운 인식론을 '유명론 nominalism'이라고 부르는 이유는 여기에 있다. 보편자에 대한 이러한 규정은 중세 철학에서 마침내 경험론적 인식론이 대두되었다는 사실을 드러낸다.

존재하는 것은 오로지 개별자일 뿐이다. 개별자를 넘어서며 그에 앞서 존재한다고 일컬어져온 보편자는 실재하지 않는다. 오컴은 묻는다. "왜 그것이 필요한가?" 개별자만으로 얼마든지 해 나갈 수 있다. 여기서 오컴은 보편자가 무의미하다거나 쓸모없다고 말하지는 않는다. 그것은 사유의 한 양식이며 세계에 질서를 부여하기 위한 매개물이다. 만약 보편자가 없다면 우리의 사유와 과학은 불가능해진다. 왜냐하면 과학과 질서는 패턴을 구하는 것이고 그것은 일반화를 통하지 않고는 불가능하기 때문이다. 따라서 오컴은 보편자는 쓸모에 의해 의미를 얻는 것이지, 존재에 의해 의미를 갖지는 않는다고 생각한다. 여기에서 실용주의까지는 한 걸음이다. 비트겐슈타인이 "쓸모없으면 의미 없다"고 말할 때 여기에는 오컴의 이념이 메아리치고 있다.

오컴의 유명론이 가한 사회적 충격은 먼저 교권계급의 존재 의의를 붕괴시켜 교황청의 권위에 커다란 타격을 가한 것이었으며, 다음으로 인간은 누구나 신으로부터 등거리equal distance에 있다는 주장에 의해 지동설과 시민사회에의 길을 열었다는 점에 있다. 보편자가 실재하지 않는다면 교황이 속인보다 우월할 이유가 없다. 교황은 인식론적으로는 신에 대한 지식에 있어서의 우월성과 존재론적으로는 스스로가 좀 더 고차적인 보편자임에 의해 우월권을 갖는다. 보편자의 소멸은 신에 대한 지식도 소멸시키고 스스로의 우월적 지위도 소멸시킨다. 교황이나 속인이나 모두 한 명의 개별자로서 신 앞에 동등한 것이다. 다시 말하면 모두가 신으로부터 등거리에 있게 되는 것이다. 이때 선택받은 행성은 없게 된다. 천체 전체가 동일한 물리적 법칙의 지배를 받게 된다. 이제 지동설이 싹틀 분위기가 형성된다.

종교개혁 역시도 그 신학적 토대를 유명론에 둔다. 루터와 칼뱅의 가장 중요한 주장은 인간의 지성으로 신을 포괄할 수는 없다는 것이었다. 지성은 언제나 보편개념과 맺어지는 바, 보편개념의 실재성이 부정된다면 지성을 통해 신에게 접근하기란 불가능해지기 때문이다. 종교개혁은 신앙에 있어서의 주지주의에 대한 가장 커다란 반항이 될 것이었다.

오컴의 유명론은 이제 근대 세계에서는 과학법칙의 선험성과 관련하여 다시 한 번 흄에 의해 개시되고 궁극적으로는 현대의 주된 세계관이 된다. 그리하여 오컴은 현대에 이르러 재조명되고 있다.

윌리엄 오컴

오컴의 면도날

Ockham's Razor

우리 지식의 영역에서 실재하는 것으로서의 보편개념을 베어내야 한다는 것이 오컴의 면도날이다. 오컴은 보편자 없이도 살아 나갈 수 있다고 누누이 말한다. 이때 주의할 것은 오컴이 보편자를 말할 때에는 실재하는 것으로서의 보편개념에 대한 것이라는 사실이다.

이것은 비단 오컴의 문제만은 아니다. 모든 경험론적 철학은 보편 개념의 실재성에 회의를 보낸다. 그들이 보편개념이 실재하지 않는다고 말하는 것은 아니다. 이들은 보편개념이 실재한다고 주장할 근거가 없는 것 이상으로 그 실재성을 부정할 근거 또한 없다는 사실을 안다. 이것은 신에 대해서도 마찬가지다. 오컴이나 유명론자들이 부정하는 것은 신의 존재가 아니다. 그들은 신이 존재하는 것을 지성에 의해 입증할 수 있다는 실재론자들의 주장을 부정할 뿐이다. 신이 불가지의 영역인 것처럼 보편개념도 불가지의 영역에 있다.

오컴의 면도날은 일반적으로 생각하는 것처럼 '근검의 원칙the principle of parsimony'과 동의어가 아니다. 근검의 원칙은 아리스토텔레스에 의해 제시된다. 간결이 지혜의 요체이며, 존재는 이유 없이 증가되어서는 안 된다. 그러나 오컴의 면도날은 개별자를 넘어서서 개별자들을 류와 종으로 묶는 추상적 보편개념을 베어낸다는 특별한 의미를 갖는다. 보통명사는 단지 유사성similarity에 의거하여 편의에 따라 개별자들을 묶는 이름일 뿐이다. 따라서 실재로서의 이름은 베어져야 한다.

면도날이 작동되면 그 순간 우리의 지식은 정언적인 성격에서 조건적인 성격으로 바뀌게 된다. 왜냐하면 지식은 현재의 유용성 외에 내재적인 어떤 동기에 의해서도 존재를 얻을 수 없기 때문이다. 예를 들면 우리의 과학 교과서는 서문에 다음과 같은 변명을 첨부해야 한다. "다음에 전개될 과학적 언명들은 실재에 준하는 것으로서 보증되는 것이 아니라 현재 세계를 가장 잘 설명하고 있다는 과학자들의 동의에 의해 보증될 뿐이다"라고.

니콜라우스 쿠자누스

우리는 모두 신으로부터 등거리에 있다

We are equidistant from God

니콜라우스 쿠자누스Nicolaus Cusanus (1401~1464) ——————————

독일의 쿠에스(Kues) 출신의 철학자이며 신학자이자 수학자, 천문학자. 로마 가톨릭의 추기경. 그는 15세기의 가장 탁월한 천재로 알려져 있다. 그는 '무지의 지(learned ignorance)'로 유명하다. 신에 대해 모른다는 사실을 깨닫는 것이야말로 진정한 지성이라는 그의 신비주의적인 사유는 현대 신학에도 큰 영향을 미치고 있다. 특히 그의 등거리론(theory of equal distance)은 나중에 지동설과 직접적인 관련을 맺는다.

하나의 개념의 기원에 대해 우리는 두 개의 길을 생각할 수 있다. 하나의 길은 위로부터이고 다른 하나의 길은 아래로부터이다. 위로부터 개념이 온다고 생각할 경우 이 세계는 위계적이 된다. 아우구스티누스나 안셀무스가 말하는 바와 같이 개념이 곧 실재라면 맨 위에 신이 있고 거기에서부터 차례로 인간에 이르기까지의 위계가 성립된다. 물론 그러한 인간의 세계에서는 가장 상위에 교황이 있고 가장 아래에 농노인 개별자들이 있다.

이와는 반대로 개념이 아래로부터 형성된 것이라고 생각할 경우, 다시 말하면 개별자들의 유사성을 묶어 최초의 개념을 만들고 다시 그 개념군에서 좀 더 고차적인 추상개념이 생긴다고 가정하면, 존재하는 것은 개별자만이 된다. 나머지는 오로지 우리의 상상 속에서만 진행되는 것이기 때문이다. 감각인식상에 직접적으로 드러나는 것에 대해서만 우리는 실재를 확신할 수 있다. 그것을 넘어서는 것은 모두 이름일 뿐이다.

이 경우 좀 더 고차적이기 때문에 신과 좀 더 가깝다고 주장하는 교권계급은 그 설 자리를 잃는다. 그들도 단지 개별자일 뿐이다. 결국 모두는 신으로부터 등거리에 있게 된다. 이러한 이념하에서 문제가 되는 것은, 신에 대해 우리가 안다고 말할 내용이 증발한다는 사실이다. 신은 가장 고도의 보편개념으로서의 존재를 얻은 대상이었다. 그러나 보편개념의 실재성이 확실하지 않다면 신의 존재 역시도 확실하지 않은 것이다.

이러한 새로운 이념은 신앙을 불가능하게 만드는 것처럼 보인다. 그러나 중세 말의 새로운 철학자들은 오히려 신을 구원하기 위해 새로운 철학을 불러들였다. 어떤 의미에서 보자면 이 경우의 신이 더욱 엄밀하고 또한 거기에 이르는 길은 더욱 험난하다. 만약 신이 지성에 의해 포착되지 않는다면, 다시 말하면 신이 하나의 개념이 아니라면 신은 인간 이해의 틀을 벗어난다. 유한한 인간은 무한한 신을 이해할 수 없다. 이때 인간은 신 앞에 헐벗은 채로 서게 된다. 신에 대한 어떤 종류의 지식도 없이 신 앞에 서게 되기 때문이다. 여기에서 쿠자누스는 극적인 반전을 한다. 신에 대한 무지에 대한 인식이야말로 진정한 지식이라는 것이다. 이것이 그의 유명한 '무지無知의 지知'이다.

쿠자누스의 등거리론은 특히 기독교의 삼위일체론과 정면으로 충돌한다. 만약 우리 모두가 신으로부터 등거리에 있는 개별자라면, 그리하여 보편개념이 불가능해진다면 성부와 성자와 성령을 하나의 보편자로 묶을 수가 없게 된다. 즉 삼위는 각각 개별자에 지나지 않는다.

이 문제는 기독교 역사상 가장 커다란 문제였다. 사실상 이단과 정통의 문제는 결국 이 문제를 둘러싸고 벌어졌다.

최초의 아리우스, 네스토리우스, 알비 등에서부터 현재의 여호와의 증인에 이르기까지 이단은 모두가 삼위일체를 부정한다. 이때 예수는 신이 될 수 없다. 예수는 단지 한 명의 개별적인 인간일 뿐이다. 그는 모세와 같은 예언자에 지나지 않는다. 보편자의 존재가 부정되면 예수와 성부를 묶어줄 공통의 속성이 사라지기 때문이다. 이 경우 기독교는 거의 치명적인 문제를 안게 된다. 기독교는 예수를 신으로 승격시킴에 의해 가능해진 종교이기 때문이다.

프랜시스 베이컨

대중이 찬성하고 갈채를 보내면
돌이켜 스스로를 살펴야 한다

When people agree and applaud then we should
attend ourselves

프랜시스 베이컨 Francis Bacon (1561~1626)

영국의 정치가, 법률가, 과학철학자이며 경험론의 창시자로 알려져 있다. 그는 과학적 방법론으로 귀납 추론을 주장하였으며 거기에 입각한 새로운 과학적 방법론을 주창한다. 그의 방법론은 영국 경험론에 결정적인 영향을 미치게 된다. 심지어 뉴턴의 물리학조차도 그 방법론에 있어서 베이컨에게 빚지고 있다.

전기 근대early modern에서 성기 근대high modern로의 진화는 과학혁명 없이는 생각할 수 없다. 코페르니쿠스, 케플러, 갈릴레이, 뉴턴으로 이어지는 과학혁명은 서양 근대사에서뿐만 아니라 인류의 역사에서도 매우 중요한 사건들 중 하나이다. 과학혁명에 기여한 각각의 과학자들도 모두 중요하지만 이러한 과학적 사실을 가능하게 한 지적 토양을 구성하였던 철학자들 역시도 중요하다. 베이컨과 데카르트가 없었더라면 과학혁명이 일어나기는 힘들었을 것이다.

베이컨은 스콜라 철학을 경멸한다. 그것은 비실증적이고 사변적인 헛소리에 지나지 않는다고 그는 생각한다. 그는 심지어 형이상학을 새롭게 정의한다. 그것은 우리의 경험을 넘어서는 신이나 도덕률에 관한 것이 아니라 과학적 가설에 대한 탐구여야 한다. 다시 말하면 과학이 과학적 사실들에 대해 말할 때 형이상학은 그것을 가능하게 하는 보편적 과학 법칙의 발견에 참여한다.

베이컨은 올바른 학문을 위해서는 먼저 두 가지가 필요하다고 생각한다. 하나는 청소이고 다른 하나는 새로운 방법론의 정립이다. 여기에서 청소는 간단히 말해 스콜라 철학의 공리공론을 일소해내는 것이다. 그는 여기에서 청소할 대상을 구체적으로 네 가지를 들어 설명한다. 이것이 그의 유명한 '우상'이다.

종족의 우상이 첫 번째이다. 베이컨은 인간 본성에 대해 낙관적이지 않았다. 이를테면 그는 성악설 쪽에 치우친 사람이었다. 나중에 로크는 인간 본성은 매우 중립적인 것이라고 말하지만 베이컨은 인간은 나름의 편협함과 망상의 가능성을 생득적으로 지닌다고 생각했다. 그는 이러한 인간적 결함을 진리에 도달하는 데 있어서 가장 커다란 장애물로 인식했다.

두 번째가 동굴의 우상이다. 이것은 인간 공통의 문제가 아니라 개인적인 문제이다. 모든 개인은 나름의 동굴 속에 숨어 있다. 다른 말로 하면 각각은 나름의 편견과 선입견 속에서 살아간다. 이러한 편견이나 선입견의 기원은 개인의 기질적인 문제일 수도 있고 일방적인 교육의 문제일 수도 있다. 베이컨은 이 동굴의 우상 역시도 커다란 장애물이라고 생각한다. 개인들은 어떤 선입견에 일단 물들게 되면 여기에서 벗어나기가 매우 어렵기 때문이다.

세 번째는 시장의 우상으로, 이것은 언어와 관련된 문제이다. 언어의 문제는 현대에 이르러 언어철학과 구조주의에서 중요한 문제로 대두된다. 현대 철학자들은 철학의 문제는 단지 문법의 문제로 수렴되어야 한다고 생각한다. 우리는 언어를 하나의 보편개념으로 보고 그에 대응하는 실재가 있다고 생각한다. 그러나 언어 속에는 있으면서도 실재에서 확인될 수 없는 것들은 무수히 많다. 전통적인 형이상학적 개념들은 거기에 대응하는 실체를 실증적으로 갖지 못한다. 예를 들면 신이나 세계의 시작 등의 언어는 그에 대응하는 실재가 실증적으로 보증될 수 없다. 이것 역시 벗어나야 할 우상이다. 우리는 관용적인 언어의 사용에서 그 실재를 쉽게 확증하기 때문이다.

네 번째가 극장의 우상이다. 이것은 권위에 대한 맹종을 의미한다. 베이컨은 여기에서 자기 검증에 대해 말하고 있다. 만약 어떤 권위가 무엇인가를 말한다면, 혹은 어떤 이론이 권위에 의해 비준받은 것으로 자신을 주장한다면 우리는 이것을 검증에 의해 검사해야 한다. 이것은 이중의 이득을 가진다. 만약 그 권위가 옳다면 검증에 의해 그것을 더욱 생생하게 이해할 수 있다. 그렇지 않고 그것이 틀렸다면 우리는 잘못된 판단을 올바른 판단으로 교체할 기회를 갖는다.

베이컨은 자기 검열을 진리에 도달하는 유일한 길로 본다. 이것은 다수결의 문제가 아니다. 대중은 언제나 네 개의 우상에 빠져 있기 때문이다. 대중에 영합하기는 쉽다. 그러나 그러한 와중에 우리는 진실에 도달할 기회를 잃는다. 베이컨은 어떤 가설의 참과 거짓의 유무를 대중의 찬사에 두어서는 안 된다고 말한다. 대중이 찬사를 보낼 때 스스로는 오히려 자기 내면을 들여다보아야 한다.

마키아벨리

군주는 여우와 사자를 겸비해야 한다

Monarchs should at once fox and lion

마키아벨리Niccol Machiavelli (1469~1527)

이탈리아의 역사가이며 정치철학자이자 휴머니스트. 근대 정치학의 창시자이다. 정치학을 윤리학에서
독립시켜 하나의 기술적 문제로 만들었다. 그의 《군주론(Il principe)》은 정치철학에 관한 서적 중 최고
에 속한다. 이 책에서 그는 계승에 의한 군주보다는 새로운 군주상에 대해 말하는 바, 그것은 주로 정치
적 역량에 관한 것이었다.

근대 세계를 불러들이는 데 있어서 마키아벨리의 역할은 매우 결정적이었다. 그는 정치학을 윤리학에서 독립시킨 사람으로 보통 알려져 있지만 그의 정치철학이 갖는 의의는 단지 여기에서 그치지 않는다. 그는 루터, 칼뱅, 코페르니쿠스, 케플러 등과 함께 중세를 벗어나 새로운 시대를 전개시킨 천재 중 한 사람이다. 더구나 그는 현대의 포스트모더니즘의 해체주의에 이르는 최초의 폭로주의자였다. 그는 하나의 신성불가침한 영역으로 존재하던 정치권력을 해부하여 그것을 단지 힘과 수단의 메커니즘으로 파악한 사람이었다.

마키아벨리의 시대에 이르러서도 여전히 정치권력은 그 권력에 걸맞은 어떤 능력과 수단이 아니라 위에서부터 권력자에게 주어지는 지배권에 초점이 맞춰졌다. 권력에 대한 이러한 이념 중 대표적인 것을 예로 들면 왕권신수설이 있다. 다시 말하면 권력은 거기에 이르는 외재적 수단에 의해 획득되는 것이 아니라 스스로의 내재적 동기에 의해 선험적으로 지정된 사람에게 주어지는 것이었다.

플라톤은 군주가 될 자격이 있는 사람의 속성이 지혜와 덕이라고 말했고, 중세 시대에 권력을 쥘 수 있는 근거는 혈연에 의해 상속되는 자격이었다. 이것은 마치 사물의 본질이 거기에 내재한 현실태에 의한 것이라는 고대 및 중세의 이념과 비슷한 것이었다.

코페르니쿠스가 지동설을 발표한 이후로도 한참 동안 천체의 운행에 관한 새로운 가설은 의문시되었다. 왜냐하면 관측기록과 행성의 예견되는 궤적이 일치하지 않았기 때문이었다. 이유는 행성이 운동하는 자취를 원으로 생각했기 때문이었다. 회전운동의 현실태는 완벽한 원이었다. 회전운동을 하는 모든 물체는 자체 내에 원을 그리려는 엔텔레케이아를 지니고 있었다. 왜냐하면 원은 흠결 없는 완벽한 도형이기 때문이었다.

케플러가 위대한 천문학자이며 동시에 과학혁명의 중요한 인물이었던 동기는 그가 행성의 궤도를 타원으로 추정한 덕분이었다. 타원 궤도라는 가설은 단지 원을 타원으로 교체한 것만이 아니었다. 원의 궤도는 행성의 내재성에 대해 말하는 것이지만 타원 궤도는 행성에 가해지는 외연적 동기에 대해 말하는 것이기 때문이다. 행성은 그 자체로는 어떠한 자발적이고 독립적인 엔텔레케이아를 가지는 것이 아니었다. 그것은 단순한 무기물이었다. 그것을 운동시키는 것은 그 바깥에서 가해지는 다른 독립변수-나중에 힘으로 밝혀지는-에 의한 것이었다.

마키아벨리는 케플러가 천체의 운동에 대해 한 일을 정치철학에서 먼저 해낸 사람이었다. 정치권력은 스스로에 내재한 어떤 독자성을 지닌 것은 아니었다. 그것은 그냥 무기물로서 능력 있는 사람에게 쟁취되는 대상이었다. 따라서 정치권력은 덕이나 선천적 자격이나 지혜 등에 따라 결정되는 것이 아니라 그것을 쟁취할 능력에 의한 것이었다. 따라서 정치권력은 윤리학의 대상이 아니라 오히려 정치적 기술에 대한 것이어야 마땅했다.

마키아벨리는 정치권력을 얻는 데에 필요하다면 권모술수도 허용된다고 말한다. 또한 강력한 중앙권력이 존재하는 것이 바람직하다. 이것이 결여될 경우 국가는 내란과 외환을 겪게 된다. 따라서 국가를 안정시키고 신민을 부유하게 해줄 수만 있다면 그 권력에 이르는 길이 반드시 도덕적이어야 할 이유는 없다. 군수는 사자의 용맹성과 여우의 영리함을 갖추어야 한다. 미덕이 있다면 물론 좋다. 그러나 미덕은 권력을 위해 불가결한 요소는 아니다. 그것은 정치권력과는 상관없기 때문이다.

마키아벨리는 위선을 벗으라고 말한다. 인간은 결국 허영과 질투와 탐욕을 내려놓을 수 없다. 군주는 물론 존경받는 것이 가장 좋다. 그러나 공포에 의한 통치도 장려된다. 악덕에 찬 인간을 통치하기 위해서는 공포심을 심어줄 필요가 있기 때문이다. 이것이 현실 정치real politics이다.

오늘날 '마키아벨리즘'이라는 말은 심지어 관용어구로 쓰이고 있다. 목적을 위해서는 수단 방법을 가리지 않는다거나 권력과 부를 위해서라면 권모술수나 야비함을 가리지 않는다는 뜻으로 흔히 마키아벨리즘이라는 용어를 쓴다. 그러나 이것은 전적으로 오해이다. 마키아벨리는 단지 고상하고 고결한 것으로 알려져왔던, 따라서 윤리적 명령이라고 믿어져왔던 정치권력을 해체시켜 그것의 속성이 사실은 어떠한 것이며 거기에 이르는 길은 어떠한 것이 되어야 하는가에 대해서 말할 뿐이다.

이미 유럽 사회의 현실 정치는 마키아벨리의 정치철학대로 움직이고 있었다. 이탈리아에서 도시국가의 권력은 암살과 음모와 폭력에 좌우되고 있었고 영국이나 프랑스의 절대왕권 역시도 마키아벨리가 폭로한 양식에 따라 행사되고 있었다. 마키아벨리는 위선이 누구에게도 도움이 되지 않는다고 생각하고 있었다. 인간의 악덕과 거기에서 비롯되는 권력욕에 대한 솔직한 탐구만이 정치의 개선을 위해 요구되는 것이었다. 마키아벨리의 이러한 폭로주의는 서양에서 근대를 이루는 하나의 전통이 된다. 그러한 심리적 폭로주의psychical disclosure는 홉스, 쇼펜하우어, 니체, 마르크스, 프로이트 등을 거쳐 오늘에 이르고 있다.

데카르트

나는 생각한다. 고로 나는 존재한다

I think, therefore I exist

데카르트 René Descartes (1596~1650)

프랑스의 철학자이자 수학자이며 저술가. 근대 철학의 아버지로 불리며 사실상 근대의 철학과 현대 철학 모두 그의 철학을 도외시할 수 없다. 그의 《방법 서설(Discourse on the Method)》은 근대의 기계론적 합리론의 교과서라 할 만하다. 수학에 있어서도 그의 업적은 지대하다. 근대 이래 운동의 계량화를 위해 필수적인 함수 자체가 그의 발견이다.

본격적인 근대는 데카르트에 와서야 비로소 시작된다. 르네상스부터 데카르트에 이르기까지는 사실상 본격적인 근대-기계론적 합리주의에 의해 규정되는-를 위한 준비과정이었다. 르네상스는 인본주의적 실재론에 입각했다. 데카르트는 이 실재론을 존재에 대한 것이 아니라 운동법칙에 대한 것으로 변경시킴으로써 기계론적 합리주의를 불러들이게 된다.

인식론적 측면에서 보자면 데카르트 역시도 고대 및 중세의 주도적인 철학자들과 실재론을 함께했다. 이 점에 있어 데카르트가 새롭게 수행한 역할은 없다. 그러나 데카르트는 두 가지 측면에서 철학사에 커다란 업적을 남긴다. 이로써 그는 근대철학의 아버지이며 동시에 수학에 지울 수 없는 족적을 남긴다.

그는 르네상스에서부터 시작된 인본주의적 흐름의 사상적 정리를 확고하게 한다. 그는 철학자들이 철학을 수학과 같은 명석한 학문의 양식에 준해 정립하지 않은 것이 이상하다고 말한다. 그는 수학이 지닌 논리가 그리스 시대와 헬레니즘 시대와 마찬가지로 다시 채용되어야 한다고 말하고 있다. 수학은 신앙이 아니라 지성에 기초한다.

거기에 계시적인 지식은 필요 없다. 최초의 전제가 설정되고 거기에서의 계속된 연역에 의해 현존이 가능하다고 믿는 것이 수학적 태도이다.

데카르트가 "나는 생각한다"라는 사실을 존재의 조건으로 내세울 때의 '생각'은 이를테면 수학적 사유를 말하는 것이다. 나는 수학적 사유를 할 수 있다. 여기에는 신이 개입할 여지가 없다. 신이 아니라 나의 사유가 나의 존재를 보증한다. 즉 내가 존재한다는 사실은 내가 수학적 사유를 한다는 사실에 의해 보증된다. 안셀무스나 토마스 아퀴나스였다면 아마도 "나는 믿는다. 고로 나는 존재한다"고 말했을 것이다. 실재론적 신학자의 철학에서는 믿음이 사유에 앞선다. 나의 사유가 회의적인 불가지를 벗어나기 위해서는 신의 보증이 필요하다. 믿음 없는 이해는 수상한 것이다. 나의 사유가 옳다는 것이 무엇에 의해 보증되겠는가?

데카르트 역시 이 문제를 벗어날 수는 없었다. 다섯 개의 기하학적 공준으로부터 수많은 기하학적 정리가 연역된다고 할 때, 그 출발점인 공준이 참인 것을 무엇이 보증하겠는가? 공준은 증명 불가능하다. 이 경우 중세의 철학자들은 신에 의해 그 참이 보증된다고 말한다. 만약 우리의 사유에서 신을 배제시킨다면 두 개의 길이 남는다. 하나는 그것들이 자명하다고 믿는 것이다. 공준은 명석판명distinct·clear한 정신 상태에서라면 당연히 참으로 보인다. 우리의 사유가 정신적 착란에 의해 혼연하지만 않다면 공준이 참이라는 것은 불을 보듯이 환하다. 이것이 데카르트가 생각한 우리 사유의 능력이었다.

그러므로 데카르트가 "나는 생각한다"고 말할 때에는 그 사유가 명석판명한 사유라고 동시에 말하고 있는 것이다. 이러한 사유에 기초할 때 나의 존재는 사유의 주체자임에 의해 보증된다. 이것이 데카르트의 인본주의 선언이다. 데카르트는 신의 왕위를 찬탈해서 그것을 인간에게 건네주었다. 이제 인간은 스스로의 지적 역량으로 먼저 스스로의 존재를 확고한 것으로 만들고, 다음으로 세계의 물리적 속성을 포착할 수 있게 된다. 우리의 지식은 더 이상 신으로부터 오는 것이 아니다. 그것은 독립적이고 주체적인 존재로서 우리의 문제이다.

데카르트의 두 번째 업적은 인식론과 관련되어 있다. 파르메니데스 이래 서양철학에는 두 개의 해결해야 할 주제가 자리 잡고 있었던바, 그것은 존재와 운동이었다. 데카르트에 이르기까지 서양철학에서는 내내 존재론이 지배적이었다. 운동과 변화는 존재의 속성 중 하나였을 뿐이다. 데카르트는 물리적 세계를 두 개의 분석틀로 나눈다. 하나는 연장extension이고 다른 하나는 운동이다. 전통적으로 존재라고 일컬어져온 것이 단순한 연장으로 바뀐 것이다. 이때 연장은 단지 기하학적 공간성만을 의미하게 된다. 즉 존재는 거기에 내재한 어떤 생명적 요소를 가진 것이 아니라 단지 공간을 차지하고 있는 무생물의 무기물 외에 아무것도 아니었다. 운동은 존재에 내재한 생명적 우연에 의한 것이 아니었다. 오히려 존재가 운동에 의해 휘둘리게 되며, 또 운동이란 외부에서 그 연장에 가해지는 다른 요소에 의한 것이었다. 이 다른 요소가 '힘'이라는 사실을 알았을 때 역학에 의해 근대 과학이 시작되고 과학혁명은 가차 없이 전개된다.

존재를 단지 연장에 지나지 않는 것으로 본다는 것은 존재에 물리적 계량성 외에 다른 의미를 두지 않는다는 사실을 의미한다. 데카르트 역시 실재론자였다. 그러나 그는 존재의 실재, 즉 보편개념의 실재 유무에는 관심이 없었다. 그가 관심을 기울인 것, 그가 확신한 것은 연장을 지배하는 운동법칙의 실재성이었다. 그는 수학이 선험적인 것처럼 세계를 운행시키는 운동법칙이 실재한다고 믿었다. 그의 이러한 신념이 그가 곧 근대인이라는 사실을 말해준다.

근대정신을 가장 간단하게 말하면 그것은 '기계론적 합리주의'이다. 세계는 커다란 시계장치와 같은 것이고 이 시계장치를 작동시키는 법칙은 연역적인 것이다. 인간의 지성은 여기에 준해 세계의 운동법칙을 포착할 수 있었다. 세계는 수학이라는 언어로 읽어낼 수 있는 커다란 기계장치인 것이다. 이러한 기계론적 합리주의가 데카르트와 더불어 개시되며 또한 본격적인 근대 역시 그와 더불어 시작된다.

데카르트

진리에 도달하고자 한다면 의심하라

If you would be a real seeker after truth, it is necessary that at
least once in your life you doubt, as far as possible, all things

의심은 의심 자체의 의미 때문에 추구되지는 않는다. 의심은 새로운 확신에 도달하기 위한 악마의 옹호자devil's advocate일 뿐이다. 이 경우 이것을 '방법론적 회의Methodological doubt'라고 한다. 데카르트의 회의는 유명하다. 그의 《방법 서설Discourse on the Method》은 의심에서부터 시작한다. 그러나 이러한 의심은 단지 데카르트만의 문제는 아니다. 모든 철학은 의심에서 시작되기 때문이다.

철학은 '존재하는 모든 것이 꿈이 아닌가' 하는 의심에서 시작되고, 예술은 '현존을 꿈으로 대치하는 것이 왜 불가능한가' 하는 확신에서 시작된다. 전통적인 의미에서의 철학은 혼연하고 변덕스러운 감각인식의 대상을 뚫고 들어가 그 이면에서 모든 것의 원인을 이루는 실재를 포착해내고자 하는 시도이다. 만약 그 실재만 포착된다면 우리의 감각인식은 그 혼연감을 이제 끝낼 수 있기 때문이다.

예를 들어 우리가 행성들의 운행을 관찰한다고 하자. 우리는 시간적 계기와 거리의 계기에 입각한 행성에 관한 다양한 관측기록을 남길 수 있다. 태양계에는 아홉 개의 행성이 있다. 우리는 이 행성들에 관한 제각각의 관측기록들을 손에 넣을 수 있다. 그러나 이것은 행성의 운행에 관한 어떤 복잡함 외에는 우리에게 주는 것이 없다. 그런데 여기에 뉴턴의 법칙을 적용하면 갑자기 말끔하게 정돈된다. 프톨레마이오스의 천문학에 대한 회의만이 새로운 천문학을 가능하게 한다. 과거의 천문학은 혼연함 외에 아무것도 아니었다.

데카르트는 모든 것을 의심해보기로 작정한다. 그의 전면적인 의심에도 불구하고 무엇인가가 새로운 확신으로 대두된다면 그것을 철학의 제1원리로 삼을 수 있기 때문이다. 그는 심지어 자기 앞에 명백하게 존재하는 사물들과 자기 자신의 존재까지도 의심해본다. 그러나 그럼에도 불구하고 의심할 수 없는 사실이 하나 있다. 거기에 의심이 진행되고 있다는 사실이다. 데카르트는 모든 의심에도 불구하고, 의심하고 있다는 사실만은 의심할 수 없다고 말한다. 모든 것을 환각으로 돌린다 해도 의심하고 있다는 사실은 명백하게 존재하고 있는 것이기 때문이다.

데카르트는 의심은 곧 사유라고 말한다. 왜냐하면 의심은 하나의 사변적 작용이기 때문이다. 여기에 사변이 있다면 그 주체자가 있어야 한다. 그 주체자가 바로 '나'이다. 의심에서 사유로, 사유에서 나의 존재로의 연역은 이렇게 함으로써 가능해진다. 데카르트는 의심에 의해 하나의 진리에 도달했다고 믿었던 바 이것이 '사유하는 주체로서의 나의 존재'이다.

그러므로 데카르트의 인본주의 선언은 회의로부터 시작된 것이다. 회의 끝에 그는 '사유하는 나'를 발견하게 되었고 이제 이것을 철학의 제1원리로 삼을 수 있게 되었다. 세계에 대한 이해는 더 이상 신의 빛에 의한 것이 아니다. 그것은 사유하는 나에 의한 것이다. 여기에서 데카르트가 말하는 사유는 수학적 지성을 의미한다. 동시에 데카르트는 수학이 지닌 명석성이야말로 사유의 요체라고 말한다.

데카르트는 때때로 근대철학의 아버지라거나 철학사의 영웅이라고 불린다. 그것은 그가 신의 은총에 의한 세계 해명을 인간 자신의 지성적 역량에 의한 세계 파악으로 바꿔놓았으며 동시에 수학적 이해를 끌어들임으로써 세계를 합리적으로 해석할 기반을 마련해주었기 때문이다. 데카르트 이후로 과학자들은 세계를 운동시키는 법칙이 수학적으로 표현될 수 있을 것이란 신념을 가진다. 뉴턴의 새로운 천문학의 제목 역시도《자연철학의 수학적 원리Philosophiae Naturalis Principia mathematica》인 것이다.

스피노자

모든 것이 자연법칙에 준한다는 것은
모든 것이 신의 뜻에 준한다는 것과 같다

That everything is true of natural law means
everything of God's will

스피노자Baruch Spinoza (1632~1677) ────────────

네덜란드의 유태계 철학자. 유대 성경에 대해 의문을 표한 이유로 파문되어 다락방에서 렌즈를 깎으며 44년의 생애를 살았고, 세 권의 저술을 남겼다. 그는 위대한 합리론자였으며 계몽주의의 초석을 놓는 다. 그의 걸작 《윤리학(Ethica)》은 서양철학사에 있어 가장 위대한 윤리학서 중 하나로 꼽힌다.

데카르트의 철학에 의해 집약된 근대정신은 두 개의 해결해야 할 문제를 떠안고 있었다. 하나는 신의 문제였고, 다른 하나는 철학의 제 1원리가 참임을 무엇으로 보증하느냐의 문제였다. 만약 데카르트의 철학을 받아들인다면 신의 입지는 매우 제한된다. 신은 지상세계의 범사에 영향력을 행사해왔지만 만약 세계의 운행이 합리적 법칙을 따른다면 더 이상 신이 필요하지 않기 때문이다. 그러나 인간 자신만의 발로 섰을 때에도 문제가 없는 것은 아니다. 데카르트는 정신의 명석판명성에 따른 사유는 자명한 몇 개의 전제를 도출해낼 수 있다고 믿었다.

기하학적 예를 들자면 문제는 언제나 공준에서 발생한다. 모든 기하학적 정리가 출발점으로 삼는 공준에 대하여 그것이 참임을 무엇으로 보증하느냐가 문제인 것이다. 공준에서 정리까지의 체계는 사실 하나의 체계나 마찬가지이다. 왜냐하면 기하학적 전개는 어떤 의미에서는 동어반복─나중에 흄은 논증적 지식이라 말하는 바─이기 때문이다. 그러므로 데카르트가 말하는 수학적 틀이란 것은 일종의 형식 유희가 되고 만다. 그것이 어디에서고 실재와 닿는다는 보증이 없기 때문이다.

대륙의 합리론자들은 이 문제에 대해 단호하게 자명성을 들어 해결한다. 즉 제1원리가 실재에 닿는다는 사실은 명석한 정신하에서라면 자명하다는 것이다. 이 부분에 있어 합리론자들은 영국의 경험론자들과 충돌하게 된다. 경험론적 입장에서는 자명은 단지 독단일 뿐이기 때문이다.

만약 세계가 이렇게 합리론적으로 해명된다면 이제 세계를 지배하는 자연법칙이 과거의 신의 자리를 차지하게 된다. 법칙이 곧 신인 것이다. 이것이 범신론이다. 자연계의 어떤 것도 자연법칙을 벗어날 수는 없다. 그것이 바로 전능한 신이다. 신은 자연계에 편재해 있다. 그것은 합리주의에 의한 신이다.

스피노자는 자신의 윤리학을 유클리드 기하학의 형태로 전개시킨다. 먼저 몇 개의 윤리적 공준을 설정하고는 거기에서부터 윤리적 강령들을 연역해낸다. 그는 온화하고 사려 깊은 사람이었지만 철학적 신념과 행위에 있어서는 매우 단호했다. 그는 유태의 신이 그의 합리적 이성에 반한다고 생각했을 때 단호하게 유대교를 버린다. 촉망받던 유대학자에서 다락방의 렌즈 깎는 사람으로 전락한 그는 세 권의 책을 남기고 젊은 나이에 죽게 된다. 렌즈의 먼지가 그의 폐를 해쳤기 때문이다.

그는 지금까지도 회자되는 윤리적 명언들을 많이 남겼다. 그의 명언들은 프랑스의 모럴리스트들의 금언들과 함께 보물과 같다는 찬사를 듣는다.

파스칼

한 마리의 토끼가 절망을 잊게 할 수는 없다. 그러나 토끼를 사냥하는 동안에는 절망을 잊을 수 있다

A hare cannot make us forget despair
but hunting it can make us forget despair

파스칼Blaise Pascal (1623~1662)

프랑스의 수학자이자 물리학자이며 기독교 철학자. 토리첼리의 실험을 일반화하여 유체와 압력과 진공의 문제를 해결했다. 그의 확률론은 현대 경제학과 사회과학에 지대한 영향을 미치게 된다. 나중에 장세니즘(Jansénisme)으로 개종한 그는 그 철학에 입각해 유명한 《팡세(Pensées)》를 저술하게 된다.

탁월한 철학자이며 독신가였던 파스칼의 입장에서 신의 소멸은 이해할 수 없는 사실이었다. 파스칼이 본 것은 인간 이성이 홀로 선다고 했을 때 그 확실성의 보증을 인간의 힘으로는 할 수 없다는 사실이었다. 철학사상 두 명의 탁월한 근대 철학자가 적극적인 호교론을 펴는 바, 한 명이 파스칼이고 다른 한 명이 영국의 버클리이다. 그러나 이두 철학자가 처해 있던 상황은 완전히 상반된 것이었고 따라서 그들의 호교론도 상반된 것이었다.

파스칼이 부딪힌 상황은 대륙의 합리론이 인간 이성에 대한 신념가운데 신의 죽음을 선고한 것이었다. 파스칼은 "진리는 이성 가운데 있지 않다. 그러나 진리가 이성에 배치되는 것은 아니다"라고 말하며 인간 이성의 가치와 그 업적을 높이 평가하고 있었다. 문제는 그 이성이 스스로 해결이 불가능한 영역까지도 해결할 수 있다고 말한다는 사실이었다. 파스칼의 견해로는 이성은 가시적이고 물리적인 세계에 한정되어야 하지만 인간의 가장 커다란 질문은 이 현상의 세계를 벗어난 존재 의의에 집중되어 있다는 것이었다. 즉 인간의 궁극적인 관심사는 형이상학적이고 신학적인 문제였다.

파스칼은 인간 이성이 세계의 물리적 법칙을 포착해 나가고 가시적인 자연세계를 포착하는 데 있어 엄청난 성공을 거두고 있지만 삶의 본래적인 의미와 목적에 대해서는 무엇도 할 수 없다는 사실에 크게 좌절하고 있었다. 파스칼은 이러한 실존적 문제에 대한 해결 없이는 삶의 진정한 가치도 없다고 생각한다. 그는 이러한 의미는 신으로부터 주어져야 한다고 생각한다.

그는 '신이 없는 인간의 불행'과 '신이 있는 인간의 지복'에 대해 말한다. 인간은 신이 없을 때 지극히 불안하고 불행한 자기 자신을 발견한다. 그들은 이러한 무의미를 벗어나기 위해 각종 유희에 몰두한다. 그러나 그러한 유희는 단지 망각의 기회만을 줄 뿐이지 불행 자체를 제거해주지는 못한다. 위의 명언은 이러한 상황에 처한 인간에 대한 얘기이다.

내가 무엇을 아는가?

What do I know?

몽테뉴Michel Eyquem de Montaigne (1533~1592) ─────────────

프랑스 르네상스의 가장 탁월한 저술가이자 철학자. 데카르트와 파스칼에게 지대한 영향을 미친다. 사실상 그는 이탈리아 르네상스의 플라톤주의적 신념에 대해 회의적이었다. 이 회의주의는 그의 에세이에 잘 나타나 있다. 그는 흄보다 훨씬 앞서 근대 회의주의의 선구자가 된다.

몽테뉴가 살았던 시대는 혼란과 동요와 불안의 시대였다. 종교개혁과 마키아벨리즘과 예술사상의 마니에리즘 등은 가톨릭과 개신교의 두 이념의 충돌을 불러옴으로써 세계에 대한 혼란과 동요를 일으킨 사건이었다. 그중에서도 특히 종교개혁은 결코 작은 문제가 아니었다.

종교개혁은 가장 근원적인 신학적 강령으로써 우리가 신에 대해 알 수 없다는 사실을 내세운다. 신학에 있어서의 이러한 전환은-물론 몇 개의 지역과 국가에만 제한되는 얘기지만-서양세계에 있어서는 커다란 혼란이었다. 전통적인 지중해 유역의 실재론적 교양을 쌓아온 사람들에게 그러한 실재론적 교양은 무의미하다는 선언에 대하여 그들이 받는 충격은 헤아릴 수 없었다.

종교개혁기의 루터와 에라스뮈스가 충돌하였던 근원적인 원인은 이것이었다. 에라스뮈스는 루터가 단지 구교를 개혁한다고만 생각했지, 토마스 아퀴나스의 신학을 윌리엄 오컴의 신학으로 대체하려 한다고는 생각하지 않았다. 에라스뮈스는 종교개혁의 전환기에는 열렬하게 루터를 지지했다. 그러나 개혁이 진행되어가는 가운데 루

아포리즘 철학

터가 '알 수 없는 신'이라는 새로운 신앙을 불러들이고 있다는 사실을 에라스뮈스는 인식한다. 고대의 실재론적 교양 교육에 물들어 있던 에라스뮈스는 루터의 낯선 사상을 받아들일 수 없었다. 에라스뮈스가 《우신예찬Encomium Moriae》에서 보여주는 혼란과 동요는 엄밀히 말하면 고대의 실재론과 근대 유명론의 충돌의 16세기적 개정판이었다.

이러한 혼란 가운데 이제 전통적인 지식은 더 이상 객관적이고 보편적인 실재로서 존재할 수는 없게 되었다. 이제 16세기인들은 지식과 관련하여 자기 검열을 해야 했다. 지식은 먼저 '인간의' 지식이었지, 인간에게서 독립한 실재의 포착에 의한 것은 아니었다. 몽테뉴는 회의주의에 젖는다. 당연한 지식이란 더 이상 없었기 때문이다. 따라서 그는 지식에 대해서가 아니라 자기가 지식을 알 수 있는지, 알 수 있다면 그것이 어떻게 가능한지를 탐구해야 한다고 생각한다. 이제 그는 "내가 무엇을 아는가?"라고 묻는다. 철학의 중심이 존재론에서 인식론으로 옮겨가고 있었다.

많은 경우에 가르치는 측의 권위가
배우는 측의 배움을 해친다

In many cases teacher's authority hurt student's learning

몽테뉴의 이 유명한 금언은 프랜시스 베이컨의 '극장의 우상'에 대한 이야기이다. 인간들은 어떤 지식을 받아들일 때 스스로 검증하는 수고를 상대편이 지닌 권위에 위임하고 만다. 우리의 배움과 지식을 방해하는 요인에는 여러 가지가 있지만 가르치는 사람이 지닌 권위 역시도 배움을 방해한다. 권위에 대한 존중은 생각해야 하는 수고를 덜어주며 배우는 사람을 매우 수동적으로 만들기 때문이다.

만약 권위 있는 사람의 가르침이 옳은 것이라 해도 그 가르침을 권위에 입각해 받아들이는 것은 옳지 않다. 지식은 저절로 얻어지는 것이 아니라 거기에 이르는 길을 수고스럽게 걸어갈 때 비로소 얻어지는 것이기 때문이다. 다시 말하면 가르치는 사람이 지식에 이르기까지의 과정을 스스로 다시 재구성해야만 그 지식을 자기의 것으로 만들 수 있다. 뿌리와 줄기 없는 과일은 없다. 누구도 과실만을 가져갈 수는 없다. 나무를 키우는 수고를 해야 한다.

게다가 그 권위 있는 사람의 가르침이 항상 옳은 것은 아니다. 누군가가 여태까지 보여준 통찰에 의해 커다란 권위를 획득했다고 하자. 그는 칠레에 산티아고라는 도시가 있다고 말한다. 그리고 지구는 태양을 타원 궤도로 돈다고도 말한다. 우리는 그의 통찰에 감사하며 그의 권위에 입각해서 이 사실들을 받아들인다. 그러나 그 사람이 그러한 통찰에 이르기까지의 과정을 우리는 공유하지 않는다. 우리는 단지 과실만을 원하기 때문이다. 동일한 인물이 이번에는 안드로메다 성운의 한 행성에 라틴어로 대화를 나누는 당나귀 족속이 거주하고 있다는 주장을 했다고 하자. 우리는 그의 권위에 입각해서 그의 주장을 받아들여왔으므로 그의 이번 주장도 역시 권위에 의해 받아들여야 한다. 이번 주장이 비록 개연성이 없다고 해도 그는 권위 있는 인물이기 때문에 그의 주장은 여전히 유효하다. 이것이 권위가 지닌 가장 위험한 측면이다.

그러므로 몽테뉴는 가르침과 배움에는 권위가 개입되어서는 안 된다고 말한다. 엄밀히 말하면 지혜로운 사람은 권위에서 배우는 것 이상으로 권위가 없는 데에서도 많은 것을 배운다. 이것이 모두가 스스로의 경력career을 자랑해서는 안 되는 이유이기도 하다.

칼뱅

근면과 성실로 돈을 모으는 것은
신의 뜻에 어긋나지 않는다

It is not against God's will to make money through
diligence and thrifty

칼뱅Jean Calvin (1509~1564) ─────────────────────

종교개혁기의 가장 영향력 있는 프랑스 신학자이자 목회자. 나중에 캘비니즘이라 불리는 개신교 신학
의 초석을 마련한다. 프랑스에서 반종교개혁기에 스위스의 바젤로 피신하여 유명한 예정론을 주장하게
된다. 그의 신학은 나중에 칼 바르트나 키르케고르에게 큰 영향을 미친다.

니콜라우스 쿠자누스가 '무지의 지'에 대해 언급한 이후 개신교의 이념은 가차 없이 불가지의 신학으로 치닫는다. 진정한 신앙은 우리가 신에 대해 무지하다는 사실을 깨달음으로써 시작된다. 이때 문제가 되는 것은 우리의 영혼을 구원받기 위해 우리가 스스로 할 수 있는 일이 없다는 사실이다. 우리는 신에 대해 알 수가 없으므로 구원을 위해 우리가 무엇을 해야 하는지에 대해서도 알 수 없다.

종교는 '구원은 신앙뿐만 아니라 거기에 따르는 행위에 준한다'는 트리엔트종교회의의 선언이 표방하는 바와 같이 신에 대해 안다는 것을 전제한다. 구교의 미사전례 전체가 신을 안다는 전제에 기초한다. 신은 성체배령을 좋아하고 고해성사를 좋아한다. 그리고 인간은 신이 기뻐하고 노여워하는 동기가 무엇인지 안다. 이때 인간의 구원은 행위에 의해 결정된다. 신이 기뻐하는 행위를 하고 신이 분노하는 행위를 하지 않는 것이 구원의 조건이다.

유한자인 인간이 무한자인 신의 의지를 알 수는 없다는 새로운 신학에 따르면 인간이 할 수 있는 일은 없다. 신이 무엇을 기뻐하고 무엇에 대하여 노여워하는지 알 수 없기 때문이다. 다시 말하면 인간은 영혼을 구원받기 위한 조건을 모르는 것이다. 따라서 구원은 행위의 결과로 오는 것이 아니라 태초에 이미 신의 결정에 의해 정해진다. 윤리학에서 실재론은 자유의지론으로 이끌리고, 경험론은 결정론으로 이끌리듯이 신학적 경험론에서 비롯된 개신교의 이념은 예정설을 불러들인다. 예정설은 결정론의 종교적 명칭일 뿐이다.

윤리적 결정론하에서 인간의 행위는 순간을 사는 것 외에 다른 의미가 없다. 이때 인간은 실존을 자각하게 되고 부조리를 느끼게 된다. 이것이 현존을 본질보다 우선적인 것으로 만들고 지금 이 순간의 열정과 분투만이 유효한 윤리적 기준을 충족시킨다.

개신교적 결정론에 따르면 교권계급의 존재 의의는 없다. 누구라도 지식과 더불어 신 앞에 설 수는 없다. 교권계급은 신에 대한 우월적 지식을 근거로 신과 인간 사이의 매개자로서 존재할 때 의의를 가졌다. 그러나 누구도 신에 대해 알 수 없듯이 교황조차도 신에 대해 알 수는 없다. 누구나 '신앙만으로Sola fide' 신 앞에 선다.

칼뱅은 예정설predestination을 끌어들이며 구원을 위해 우리가 할 수 있는 것은 없다는 사실을 단호히 선언한다. 단지 우리의 현존이 정열과 신심으로 열정적으로 영위되어 나간다면 그것이 아마도 영혼이 구원받을 간접적인 증거는 될 것이라고 말한다. 타락한 영혼이라면 이미 불성실한 것이기 때문이다.

예정설과 자본주의의 성립이 같이 엮어져 있다는 가설은 베버의 유명한 《프로테스탄티즘의 윤리와 자본주의의 정신The Protestant Ethic and the Spirit Capitalism》이라는 책의 주요 논지이다. 구교에서 돈은 필요악이며 그 자체로써 신의 세계와는 상반되는 것이었다. 돈은 생계를 이어가는 수단에 불과했다. "부자가 하늘나라에 가는 것은 낙타가 바늘구멍을 통과하기보다 어렵다"는 예수의 말은 이러한 돈에 대한 경계심에 커다란 영향을 미쳤다. 그러나 예정설은 돈에 대한 개념을 전환시키면서 부의 축적을 매우 긍정적인 것으로 환기했다.

개신교도들은 돈을 그것이 가능케 하는 감각적 향락의 이유로 축적하지는 않는다. 그들은 현실적 삶에서의 성실성과 자신의 세속적 성공을 구원의 간접적 증거로 여겼기 때문에 끊임없이 부를 축적해나간다. 그들에게 돈은 쓰기 위한 것이 아니라 축적하기 위한 것이었다. 이러한 축적이 자본주의를 부른다는 것이 베버의 견해였다. 확실히 개신교를 믿는 지역은 자본주의가 개시된 지역과 겹친다. 물론 이것은 개신교가 자본주의를 부른 것이 아니라 자본주의적 탐욕을 가진 사람들이 자신들의 탐욕을 정당화해줄 이념을 구했기 때문이라고 말할 수도 있다. 어쨌건 칼뱅은 부의 축적에 대해 매우 긍정적이었다. 이러한 이념하에 건국된 미국이 새로운 시대에 자본주의적 이념을 주도하게 된 것은 어쩌면 당연한 것이었다.

볼테르

의심은 유쾌한 일은 아니다. 하지만 확신은 어리석다

Doubt is not a pleasant condition, but certainty is absurd

볼테르Voltaire (1694~1778)

프랑스의 계몽주의 철학자. 종교와 표현과 경제활동의 자유를 주창하였으며 국가와 교회의 분리를 주장했다. 그는 사회개혁가였으며 관용과 이해를 요구했다. 몽테스키외, 존 로크, 루소, 샤틀레 등과 더불어 미국과 프랑스 혁명에 지대한 영향을 미쳤다. 특히 그는 영국의 뉴턴이 거둔 업적을 대륙에 소개한 《영국 서한(Les Lettres anglaises)》으로 유명하다.

볼테르는 날카롭고 명민하면서도 회의적인 철학자였다. 그는 한 명의 계몽주의자로서도 중요한 인물이지만, 뉴턴의 업적을 대륙에 전했다는 점에서 더욱 중요한 일을 한 철학자였다. 그의《영국 서한 Les Lettres anglaises》은 영국에서 끝을 맺은 과학혁명의 업적과 형이상학적 독단의 위험성, 종교적 우행의 터무니없음, 교육과 진보에 대한 확신 등으로 가득 차 있다.

계몽주의의 가장 중요한 영향력은 그 운동이 인간 이성이 포착하는 기계로서의 세계와 세계에 대한 합리주의적 해석의 가능성을 적극적으로 전파하려 애썼다는 데 있다. 세계는 과학혁명이 발견한 '자연법natural law'에 의해 재편되어야 했다. 천체의 운행에 그러한 수학적 언어가 숨겨져 있다면 인간의 삶에 왜 그러한 것이 없겠는가? 만약 충분히 이성적이어서 사회를 합리적으로 포착한다면 거기에는 사회를 지배하는 어떤 법칙인가가 있을 것이 틀림없었다. 그러므로 계몽주의는 다른 말로 하면 과학적 탐구정신의 사회 전파였다.

계몽주의는 따라서 기존의 형이상학적 체계를 독단으로 치부한다. 그것은 근거 없는 전제에서 출발해서 근거 없는 거창함을 내세운다.

아포리즘 철학

여기에서 계몽주의자들은 회의주의자로서의 역할을 한다. 위의 금언에서 '의심'은 이러한 것을 말하고 있다. 형이상학적 독단과 그로부터 비롯된 종교적 우행을 계몽주의자들은 의심의 눈길로 바라본다. 그러나 확신은 매우 위험한 것이다. 프랑스의 전통인 관용(똘레랑스)은 이때부터 프랑스의 정신 중 하나가 된다.

볼테르는 "우리의 정원을 가꾸어야 한다"고 말한다. 거창하고 공론적인 체계보다는 소박하고 분수에 맞는 노력이 훨씬 중요하다.

루소

자연과 미덕은 사회와 재산의 결과인 학예에 의해 상처를 입는다

Nature and virtue is hurt by art from society and property

루소Jean Jacques Rousseau (1712~1778)

제네바 출신의 철학자, 작가이며 낭만주의 운동가. 그의 정치철학적 저서인 《사회계약론(Du Contrat Social)》은 프랑스 혁명과 근대 정치학에 지대한 영향을 주었다. 그의 교육론 《에밀(Emile)》은 교육학의 신기원을 열고, 그의 소설 《신엘로이즈(Julie ou la Nouvelle Heloise)》는 낭만주의 운동을 이끌며 그의 《고백록(Les Confessions)》은 근대 자서전의 효시를 이룬다.

계몽주의 운동은 당시에 다양한 이념을 가진 철학자들이 참여한 운동이었다. 이들은 크게 세 개의 그룹으로 나뉠 수 있다. 가장 대표적인 그룹은 볼테르, 디드로, 달랑베르 등의 이성적 진보론자들이었다. 이들은 인간의 합리주의적 이성을 신뢰하고 과학혁명이 과학에서 이룬 성취를 사회에 이식함으로써 사회를 개선시킬 수 있다는 믿음을 가진 사람들이었다.

두 번째 그룹은 흄을 중심으로 한 회의론자들이었다. 이들은 인간 이성의 경험적 성격에 대하여 대체로 그 적절성을 인정하고는 있었지만 거기에 절대성을 부여하는 사람들은 아니었다. 이들은 인간의 지성이 발견했다고 믿고 있는 과학적 지식이 선험적이거나 보편적이라고는 보지 않았다. 그들의 생각으로는 모든 과학적 지식은 차라리 우리의 편견이 도출한 세계에 대한 하나의 해석적 체계에 지나지 않는다. 따라서 이들은 회의주의자나 불가지론지로 분류된다.

마지막으로는 인간 지성을 감성으로 대체해야 한다고 주장하는 그룹이 있다. 인간은 자연 상태에서는 선하고 공정했지만 지식의 차이가 계급을 불렀으며 인간의 지식이 이것을 더욱 공고히 한다는 주장이었다. 따라서 세계에 대한 인식에 있어 인간 이성은 더 이상 좋은 방향으로는 작동하지 않으므로 그것을 감성으로 대체해야 한다는 주장이었다. 특히 이 새로운 이념은 당시 예술이 지니고 있는 로코코적인 인위성과 가식성에 대해 엄청난 염증을 품고 있었다. 루소는 음악에 있어서도 뛰어난 식견을 지니고 있었던 바, 음악적 아름다움에 대한 평가에 있어서도 그것이 얼만큼 인간 감성에 직접적으로 호소하고 있는가가 중요하다고 말한다.

루소의 이러한 주장은 신고전주의를 거쳐 낭만주의 운동을 불러들이는 기폭제가 된다. 루소는 본격적인 낭만주의가 시작되기 50여 년 전에 이미 그 이념에 대해 말하고 있었다.

로크

인간의 정신은 백지이다

Human mind is white board

로크John Locke (1632~1704) ───────────

자유주의의 대부로 알려져 있는 가장 영향력 있는 계몽주의 철학자 중 한 명이다. 베이컨에게서 시작된 경험론 철학을 계승했으며 부르주아에 기초한 사회계약론으로 유명하다. 그의 철학은 인식론과 정치학에 있어서 항구적인 영향을 미친다. 고전적인 공화주의와 자유주의 이론에 대한 그의 견해는 미국 헌법에 그대로 구현된다.

존 로크, 조지 버클리, 데이비드 흄으로 이어지는 영국의 경험론적 철학은 그때부터 현대에 이르기까지 철학사에 있어 가장 중요한 사건이 된다. 경험론적 인식론에 의해 근대는 붕괴되며 따라서 인간 이성이 지니고 있다고 믿어졌던 전능성 역시도 붕괴된다. 데카르트 이래의 지적 자신감은 커다란 타격을 입는다.

합리론과 경험론은 궁극적으로는 인간의 생득적 지식을 둘러싸고 충돌한다. 경험론에서는 생득적 지식이란 존재하지 않는다고 말한다. 모든 지식은 경험에서 온다는 것이 경험론자들의 주장이다. 이때 문제가 되는 것은 단순한 감각적 지식이 아니라 개념적 지식이다. 경험론자들은 감각인식의 누적(로크의 용어로는 '반성')에 의해 개념이 생긴다고 말한다. 이에 반하여 합리론자들은 개념은 상당 부분 생득적이라고 말한다. 경험론자에게 있어 개념은 감각인식에 대한 가능한 다양한 해석 가운데 하나에 지나지 않는다.

이러한 경험론자들의 주장은 존재에 대해서뿐만 아니라 운동법칙에 대해서도 동일하게 적용된다. 뉴턴의 만유인력의 법칙은 사과가 지상으로 떨어지는 등의 경험이 누적되면서 형성된 하나의 과학적 가설이라는 것이다. 그러나 이러한 경험론적 가설은 곧 반대에 부딪힌다. 우리의 경험적 지식은 눈을 뜨고 있는 한 엄청나게 밀려들어온다. 우리는 이중에서 의미 있다고 생각되는 경험을 이미 선험적으로 선별한다. 우리의 정신은 경험에 대해 수동적이지 않다.

이를테면 역사학에서도 마찬가지이다. 수없이 많은 사람들이 고대에 루비콘 강을 건넜지만 고대사가들은 거기에서 시저의 도하만을 역사적 사실로 분류한다. 수없이 많은 사람과 사건 중 특정한 것을 역사적 사실로 분류하기 위해서는 어떤 선험적 원칙이 역사가의 머릿속에서 작동되고 있는 것이다.

만약 로크가 주장하는 대로 우리 지식이 모두 경험에서 온 것이라면 뉴턴이 발견한 만유인력의 법칙도 보편적인 자연법은 되지 못한다. 그러나 로크는 자연과학이 이룩한 성취를 부정할 수는 없었다. 이러한 딜레마에서 로크는 애매한 인식론적 입장을 택할 수밖에 없었다. 로크는 우리의 지식을 제1성질과 제2성질로 나눈다. 이때 제2성질은 직접적 감각인식에 호소하는 것들이다. 예를 들면 색, 감촉, 냄새 등은 제2성질이다. 반면에 제1성질은 기하학적 추론과 관련된 것들이다. 사물의 공간성이나 형상 등은 제1성질이다. 로크는 제2성질은 변덕스럽고 혼연한 것으로서 전적으로 우리 경험에 의존하지만 제1성질은 단일하고 객관적인 것이며 우리의 지적 추론에 입각한다고 말한다. 그러나 로크의 이러한 결론은 사실 모순에 빠진다. 왜냐하면 모든 지식은 경험에서 온다는 그의 인식론의 대전제를 위반하는 것이기 때문이다. 모든 지식이 경험에서 온다고 말하면서 어떤 지식은 보편적이라고 말하는 것은 모순이다. 모든 지식이 경험에서 온다면 거기에는 단지 잠정적인 해석만이 존재하기 때문이다.

로크는 자기의 전제를 끝까지 밀고 나갈 경우 우리 지식 세계에 있어서 어떤 파국이 오게 될지 알고 있었다. 그가 애초에 전제한 대로라면 먼저 지식이 지닌 위엄이 사라지고, 다음으로 그 지식에 있어 우월하다는 이유로 사회적으로 우월한 위치를 점해야 마땅한 부르주아 계급의 정당성이 일거에 사라진다. 그러나 로크는 여기에 이르는 전면적인 민주주의를 수용할 수는 없었다. 그는 부르주아 계급의 수호자였으며 사회의 위계적 질서를 믿고 있는 사람이었다.

합리론은 언제나 어떤 종류의 위계적 질서를 요청하고, 경험론은 언제나 극단적인 형태의 민주주의를 요청한다. 이것은 앞으로 오게 될 사회정치적 시스템에서도 계속 되풀이된다.

로크

사회의 목적은 재산의 향유이다
The purpose of society is the enjoyment of property

로크의 정치철학이나 인식론은 한편으로 왕권을 부정하면서 다른 한편으로는 전면적인 민주주의 역시 부정하는 것이었다. 이러한 정치적 입장은 당시 영국 청교도주의 부르주아의 입장이기도 했다. 로크는 스튜어트가의 왕권신수설에 강력하게 반대한다. 그는 국가와 권력의 존재가 자연권의 양도에 의해 가능한 것이라고 말한다.

로크는 자유, 생명, 사적 소유가 기본권이라고 생각한다. 인간은 누구나 자신과 관련하여 군주이다. 자신의 노동력에 의해 증가되는 부가가치는 마땅히 본인에게 귀속되는 것이다. 누군가가 이것을 침해한다면 피침해자는 처벌권을 가진다. 그러나 이 처벌권이 각각의 개인에게 속할 경우 거기에는 만인에 대한 만인의 투쟁만이 남게 된다. 사람들은 이러한 상황을 피하기 위해 각각의 처벌권을 국가에 양도한다. 이것이 국가와 신민들 사이의 계약이다. 국가의 기원은 여기에서부터이다.

이러한 로크의 이념은 개인적 노력과 사적 소유를 가장 중요하게 여기는 부르주아 계급의 이익을 대변한다. 당시 영국은 청교도와 국교Anglican Church 사이에 오랜 대립관계가 지속되고 있었다. 영국의 국교는 그 권력에 있어서 로마 교황청으로부터 독립해 있었을 뿐 신학적으로는 가톨릭이었다. 로크 자신은 청교도였다. 가톨릭은 여전히 신분제 사회와 왕권신수설을 지지하고 있었다. 헨리8세가 영국 교회의 수장이 되면서 영국 교회를 교황청으로부터 분리한 것은 교황청과의 권력 다툼 끝에 얻은 결과이지, 청교도의 새로운 이념을 받아들이기 위한 것은 아니었다.

로크는 모든 권력은 의회에서 나온다고 생각하였고 국가의 존재의의도 생명과 재산권의 보호 외에는 없다고 보았다. 로크 이후로 영국의 정치철학은 상당한 정도로 야경기능으로써의 국가에 그치게 된다.

버클리

존재란 피인식이다

To be is to be perceived

버클리George Berkeley (1685~1753)

성공회 주교로서 아일랜드 출신의 주관관념론자. 외부 대상의 실존은 허상이며 모든 것은 인식되는 한에서만 그 존재가 보증된다고 주장하였다. 그는 로크의 제1성질을 부정한다. 모든 것은 감각인식상의 문제이므로 제2성질 외에는 없다는 버클리의 주장은 흄에게 큰 영향을 미친다.

버클리의 이 말처럼 경험론의 결론을 잘 나타내는 금언도 없을 것이다. 버클리는 그의 철학을 통해 합리론과 경험론이 각각 그 극단에까지 도달했을 때 얼마나 어처구니없는 상황에 이르는가를 방법론적으로 보여준다. 버클리는 프랜시스 베이컨에서 로크에 이르기까지의 영국 경험론을 비판함으로써 경험론적 인식론이 궁극적으로 어떤 회의주의에 이르는가를 보여준다.

인식론상에 있어 버클리의 가장 커다란 업적은 만약 우리 지식이 경험에서 온다는 경험론자들의 견해를 받아들일 경우 사실상 거기에는 지식이라고 할 만한 것이 아무것도 없다는 사실을 보여주었다는 데 있다. 지식의 재료가 감각인식이라면 거기에 제1성질이라 할 만한 것은 없다. 거기에 어떤 성질인가가 있다면 그것은 모두 제2성질인 것이다. 왜냐하면 우리의 지식이 감각인식을 통해 형성된다면 그것은 제1성질의 선험성을 지닐 수 없기 때문이다.

버클리는 로크가 멈춘 곳에서 더 밀고 나간다. 만약 우리의 지식이 전부 경험에서 온 것이라면 우리가 보는 것은 사물이 아니라 단지 우리의 감각인식일 뿐이다. 우리의 감각인식은 합리론적 입장에서는 우리 이성의 지도에 따라 행사되어야 하는 어떤 것이었다. 그러나 버클리의 극단적인 경험론에서 감각인식은 사물과 우리 사이를 가로막는 벽으로 작동한다. 따라서 우리는 사물을 보고 있다고 생각하면서 우리 자신의 감각인식을 보고 있는 셈이다.

어떤 사물은 우리가 그것을 보고 있지 않는 한 존재 자체가 없는 것이다. 우리가 어떤 사물의 존재를 확신하는 것은 그것이 현재 우리 감각인식에 포착되었기 때문이다. 우리가 돌아서서 그 사물로부터 눈을 돌리는 순간 우리는 그 사물이 거기에 여전히 있다고 확신할 어떤 근거도 없다. 왜냐하면 사물은 우리 인식으로부터 독립해서 존재할 수는 없기 때문이다.

버클리는 우리가 경험론을 믿는 순간 우리 지식의 보편성은 사라지며 따라서 사회적 질서도 사라진다고 말한다. 모든 것은 매우 혼란스러운 상태에 있게 되며 우리는 무엇인가를 예견해서 행동할 수조차 없게 된다. 예견이란 축적된 과거의 경험을 미래에 투사하는 것이지만 감각인식상에 떠오르는 것 외에 존재를 확신할 수 있는 근거가 없다면 기억에 의존하는 과거의 경험은 무의미하기 때문이다.

이러한 상황은 뉴턴의 업적에 대해서도 적용된다. 뉴턴의 만유인력의 법칙은 우리의 감각인식에 보이는 바가 아니므로 믿을 수 없는 것이다. 우리는 지금 사과가 지표면으로 떨어지는 것을 본다. 그러고는 상상한다. 아마도 사과와 지구 사이에 끄는 힘이 존재하는 것이라고. 그러나 이것은 사과가 떨어지고 있는 시점에 내가 상상하는 것에 불과하다. 상상은 감각인식이 아니므로 믿을 수 없는 것이다. 만유인력이라는 법칙을 도출하기 위해서는 떨어지는 사과에 대한 축적된 기억과 그 기억에 대한 신뢰가 있어야 한다. 그러나 직접적 감각인식만이 유일하게 신뢰할 수 있는 정보원이라면 지난번에 떨어뜨린 사과의 낙하는 여전히 믿을 수 없는 것이 된다. 그러므로 자연법은 애초에 성립할 수 없다.

여기까지 경험론의 어처구니없는 결론을 제시한 버클리는 갑자기 반전한다. 이러한 세상이 네가 원하는 세상이냐고. 완전한 혼란에 둘러싸여 견고함과 믿음은 어디에도 없는 세상을 살아갈 수 있느냐고. 버클리는 인간이 스스로의 경험에만 입각하기로 했을 때의 결론을 제시함으로써 그것이 성립 불가능한 세계임을 밝힌다. 만약 과학법칙이 우리의 관찰에 입각한 경험적 기원을 가진다면 그것은 견고한 법칙이기는커녕 스스로 최소한의 정당성조차 확보할 수 없는 독단이라는 사실을 버클리는 증명한 것이다.

버클리는 다시 신앙을 가지기를 권한다. 만약 우리가 신의 존재를 가정한다면 우리가 어떤 사물을 보고 있지 않은 순간에도 신이 그것을 보고 있으므로 그 존재가 보증된다. 또한 뉴턴이 발견한 과학법칙들 역시도 신의 보증에 의해 그 선험성과 객관성이 보증받는다. 버클리는 신앙적 독단 가운데 질서를 가지라고 권하고 있다. 그는 매우 세련된 협박을 가한 것이다. 자율적인 회의주의의 파국적인 결과를 제시하며 다시 한 번 중세로 돌아가기를 그는 권하고 있다.

데이비드 흄

어디에도 필연성은 없다

Nowhere is necessity

데이비드 흄 David Hume (1711~1776)

스코틀랜드 출신의 철학자, 역사가, 저술가. 그는 영국의 경험론을 집대성하고 전면적인 회의주의를
불러들인다. 근대 철학자 중 가장 중요한 인물일 뿐 아니라 현대의 실증주의와 분석철학에 이르는 길을
개척했다. 로크, 버클리와 더불어 영국 경험론자라고 불리는 바, 인과율의 성격에 대한 그의 통찰은 특
히 유명하다.

버클리는 철학적 선택의 어디에도 완결성은 없다는 사실을 분명히 밝혔다는 점에서 의의를 가진다. 버클리는 신의 부재와 회의주의가 얽혀 있으며, 신의 존재와 독단이 얽혀 있다는 사실을 분명히 보여주었다. 여기서 버클리는 그것이 독단이라 할지라도 신을 믿는 편이 낫다고 말한다. 이것은 파스칼 역시 에세이를 통해 주장하는 바이기도 하다. 신의 부재는 무의미와 덧없음과 동요를 불러온다. 이러한 상황은 고대인들도 이미 알고 있었다. 창세기의 신화는 선과 악을 알았을 때, 다시 말하면 인간이 스스로의 역량에만 입각해서 살아 나갈 때, 낙원에서 필연적으로 추방당할 수밖에 없다는 사실을 보여준다. 신의 지배는 어느 정도 인간의 불안과 공포에 기초하고 있다.

데이비드 흄은 버클리가 멈춘 그 지점에서 출발하지만 결론은 상반된 방향으로 나아간다. 신이 없는 불안을 겪는 편이 낫다고 그는 생각한다. 데카르트가 제시한 생득적 지식은 신이 없다고 할 때 인간이 지식의 확실성을 보장받기 위한 유일한 길이었다. 이것은 고대 그리스인들에게도 마찬가지였다. 플라톤이나 아리스토텔레스는 인간의 생득적 지식을 당연한 것으로 믿었으며 따라서 지식의 선험성과 보편성을 믿었다. 고대의 붕괴는 어느 정도 소피스트들이 제기한 회의주의와도 관련이 있다. 소피스트들의 상대주의는 불가지론과 스토아주의를 부르며, 이 신념의 진공상태에 기독교가 들어왔을 때 회의주의는 극복되는 것처럼 보였다. 그러나 근대 후반기의 양상도 고대 말의 양상과 별반 다르지 않게 전개된다. 고대 말에 인간이 죽었다면 근대 말에는 신이 죽었다.

데이비드 흄의 업적은 로크나 버클리에게는 상당한 정도로 애매하게 남겨졌던 문제들을 매우 날카롭게 정돈했다는 사실에 있다. 흄은 먼저 지식을 두 종류로 나눈다. 하나는 논증적 지식demonstrative knowledge이고, 다른 하나는 사실의 문제matters of fact이다. 논증적 지식은 이를테면 수학적 지식이다. 이 지식은 무조건 참이다. 왜냐하면 그것이 참임은 내재적 논리에 의해 보증되기 때문이다. 다른 말로 하자면 이 종류의 지식은 사실에 관한 어떤 새로운 지식을 더해주는 것이 아니라 단지 분석적 지식이다. 예를 들면 여기에 x^3-x^2+x-1이라는 정식이 있고 이것을 $(x-1)(x+i)(x-i)$로 설명하는 지식이 있다고 하자. 우리는 이것을 보통 $x^3-x^2+x-1=(x-1)(x+i)(x-i)$로 표현하고 인수분해 한다고 말한다. 이번에는 정수의 경우를 살펴보기로 하자. 28이라는 수가 있고, 이에 대해 $2\times2\times7$이라는 설명이 있다. 이 두 가지 사례에 나오는 설명은 제시된 28에 대해 어떤 새로운 지식을 보여주지 않으며 그저 x^3-x^2+x-1과 28을 분석하면 저절로 나온다. 이 경우가 바로 논증적 지식이다. 이것은 다른 말로 하면 동어반복 혹은 항진명제tautology이다.

사실의 문제는 주부에 무엇인가 새로운 지식이 보태지는 것이다. 예를 들면 '이 컵'이라는 주부에 '희다'라는 설명이 붙는다고 하자. 이때 '희다'라는 설명은 이 컵에 무엇인가 새로운 지식을 보태준다. 우리가 감각인식에 의해 얻는 지식은 대부분 이러한 종류이다. 이 경우역시 참이다. 왜냐하면 감각인식은 직관적이고 실증적 지식이기 때문이다.

흄은 여기서 제3의 지식이라고 스스로 주장하는 지식을 인과율causation이라고 규정한다. 논증적 지식은 보편적 지식이다. 그것은 선험적이며 분석적인 참이다. 그러므로 일반적 참이다. 사실의 문제는 참이긴 하지만 보편적이지는 않다. 그것은 감각인식이라는 경험을 통하기 때문에 개별적인 사실에 대해서 참이지만 선험적이거나 일반적이지는 않다. "이 컵은 희다"라고 말할 때 이 언명은 이 컵에 대한 것이지 컵 일반cup in general에 대한 얘기는 아니다.

논증적 지식은 보편적 지식이지만 새로운 지식을 더해주지는 않고, 사실의 문제는 새로운 지식을 더해주지만 보편적이지는 않다. 흄은 새로운 지식을 보태주면서 동시에 보편적이라고 주장하는 새로운

아포리즘 철학

지식이 있다고 주장하면서 이것을 포괄적으로 인과율로 지칭한다. 과학법칙은 하나의 인과율이다. 예를 들어 "질량을 가진 두 물체 사이에는 끄는 힘이 존재한다"라는 언명에서 '질량을 가진 두 물체 사이'라는 언명은 그 자체를 아무리 분석해보아도 끄는 힘이 나오지 않는다. 그러므로 위의 언명은 '질량을 가진 두 물체 사이'에 대해 새로운 지식이 보태진 것이다. 동시에 이 지식은 보편적이다. '질량을 가진 두 물체'는 어떤 특정한 두 물체가 아니라 물체 일반에 대한 언명이기 때문이다. 따라서 이 지식은 논증적 지식의 성격과 사실 문제의 성격을 모두 가진다. 여기서 흄은 '질량을 가진 두 물체 사이'를 원인으로 보고 '끄는 힘'을 결과로 본다. 즉 이 언명은 하나의 인과율인 것이다.

흄은 단호하게 이러한 지식은 없다고 말한다. 인과율에서 가장 중요한 개념은 필연성이다. 논리학에서 선험성, 보편성, 일반성으로 언급되는 것을 흄은 '필연성'이라는 다른 이름으로 부른다. 흄은 인과율에 필연성은 없다고 말한다. 철두철미한 경험론적 입장에 서 있는 흄은 일반적인 귀납추론의 유효성을 부정하고 있는 것이다.

다음의 다이어그램을 보도록 하자.

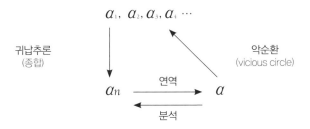

a_n은 흄이 일컫는 바 인과율이다. 이것은 a_1, a_2, a_3 등등의 개별적 사안에 대한 경험에서 종합된 것이다. 이제 a_n이라는 명제가 참으로써 성립하면 앞으로 대두되는 새로운 경험은 여기에 비추어 설명되고 예견된다. 흄이 말하는 것은 어떤 의미에서는 매우 단순하다. 귀납적 경험 출신인 a_n이 연역적 추론의 근거가 되는 필연성을 지닐 수는 없다는 것이다. 앞으로 대두될 새로운 언명 a의 연역적 근거인 a_n은 우월적 언명일 수 없다. 그것은 귀납적 경험에서 추론된 것이기 때문이다.

흄은 우리가 인과율에 필연성을 부여하는 동기는 원인과 결과의 근접성, 시간적 선후성, 발생 양상의 항상성 등이 그것이 필연적이라는 인상을 심어주기 때문이라고 말한다. 흄은 말한다. "어디에도 필연성은 없다"고.

데이비드 흄

모든 지식은 인간을 닮았다

Every knowledge resembles humanity

현대 과학철학도 이와 비슷한 말을 한다. "과학적 지식의 추구 끝에 발견하는 것은 결국 자기 얼굴뿐이다"라고. 전통적인 실재론적 신념은 어떤 지식체계가 우리와 독립적으로 존재할 수 있다는 믿음이었다. 만약 흄이 주장하는 바 인과율에 필연성이 없다면 우리 지식은 우리로부터 독립할 수가 없다. 왜냐하면 그 경우의 인과율은 우리 습관이 응고시킨 것이기 때문이다.

흄은 인상과 관념이 우리가 지식을 형성하는 두 과정이라고 말한다. 전형적인 합리론자들은 아마도 관념이 인상을 인도한다고 하겠지만, 흄은 인상의 축적이 기억으로써 관념을 형성한다고 말한다. 흄의 인식론을 따르면 관념은 객관적인 것이 아니라 우리의 것이 된다. 인상 자체가 우리의 인상이기 때문이다. 전통적인 철학자들이 인본주의를 주장한 근거는 인간이라면 누구나 공통의 이성을 가지고 있으며 이 이성이 세계를 이해할 선험적 능력을 지니고 있다는 동기였다. 이때 우리의 이성은 우리의 감각인식과는 독립된 것이었다.

우리는 삼각형이라는 도형을 감각인식을 통해 이해하기보다는 정의definition를 통해 이해한다고 믿는다. 즉 '세 개의 직선으로 이루어진

닫힌 도형'이라는 관념은 우리의 삼각형에 대한 감각적 경험을 초월해 있다고 믿는다. 우리는 이 생득적 관념을 기반으로 개별적인 삼각형을 이해한다. 결국 철학은 관념의 기원과 성격을 둘러싼 사건들의 모임이다. 흄은 감각이 관념에 기초하는 것이 아니라 관념이 감각에 기초한다고 말한다. 감각은 개인적이고 개별적인 것이다. 만약 관념이 감각적 인상에서 수렴된다면 우리 인상 속에 없는 것은 관념상에도 없다. 결국 우리의 모든 지식은 개인적 경험을 기초로 하게 된다. 그러므로 우리가 얻는 지식은 우리 공동체의 공통된 경험을 기반으로 한다. 따라서 우리의 지식은 우리를 닮는다.

흄의 인식론이 결국 회의주의로 이르게 되는 동기는 인간을 초월해서 존재하는, 더 엄밀하게 말하자면 인간의 경험을 초월해서 존재하는 지식의 존재를 부정하기 때문이다. 회의주의란 객관적이고 보편적인 지식의 가능성을 부정하는 데서 출발한다. 그러나 흄의 회의주의는 우리 지식의 문제에 머무른다는 사실을 알아야 한다. 다시 말하면 구속력 있는 것으로써의 보편적 지식의 가능성을 부정하는 것이 회의주의이다. 따라서 신의 존재나 우주의 창조와 같은 문제는 회의주의의 입장에서는 긍정의 대상도 부정의 대상도 아니다. 그것은 우리 지식의 영역에 있지 않다. 왜냐하면 이러한 것들은 우리의 감각인식을 벗어나 있기 때문이다. 문제가 되는 것은 그러한 감각인식을 벗어난 대상들에 대한 구속적인 지식의 강요이다. 흄이 한 명의 계몽주의자로서 독단을 경계하는 이유는 여기에 있다.

흄은 우리가 겸허해야 한다고 말한다. 우리는 모두 자기의 제한된 경험의 테두리 내에서 지식을 형성하고 그것을 근거로 판단한다. 아무리 엄밀하게 자기 지식을 추구해 나간다고 해도 그것은 단지 자기의 지식일 뿐 객관성이나 보편성을 확보한 것은 아니다. 만약 자기의 제한된 경험에 구속력을 부여하거나, 자기 경험을 벗어나 있는 지식에 보편성을 부여한다면 그는 독단에 빠지게 된다. 흄은 상식에 입각하기를 권하고 자신의 습관을 잘 살피기를 권한다. 신념은 살인도 서슴지 않는다.

흄이나 에드먼드 버크 등은 프랑스 혁명에 대해 냉소를 퍼붓는다. 혁명가들은 앙샹레짐ancien régime(구체제)의 독단을 붕괴시키며 공화제적 신념에 가득 찬 다른 종류의 독단을 불러들이기 때문이다. 나중에 문학가 토마스 하디는 말한다. "의문義文은 살인한다."

데이비드 흄

칸트

별이 빛나는 천체와 마음속의 도덕률

Starry heavens above and moral law within

칸트Immanuel Kant (1724~1804)

쾨니히스베르크 출신의 독일 철학자. 대륙의 합리론과 영국의 경험론을 통합하여 한편으로 실증적인 지식과 다른 한편으로 사변적인 지식을 조화시키려 노력했다. 그의 걸작이라 할 만한 《순수이성비판 (Critique of Pure Reason)》은 이성과 경험의 통합에 관한 저술이다. 동시에 그는 마지막 계몽주의자였다. 인간 사회는 지성과 분별에 의해 개선될 수 있다고 믿었고 버클리와 흄이 제기한 회의주의를 극복하고자 노력했다.

칸트는 아마도 유의미한 최후의 계몽주의적 철학자일 것이다. 칸트는 흄의 인간 오성론에 부딪힐 때까지는 태연하게 라이프니츠류의 합리론적 철학을 강의하고 있었다. 칸트는 흄의 철학에 의해 비로소 독단의 잠dogmatic slumber에서 깨어났다고 고백하였다.

칸트는 철저한 자기반성에서 출발한다. 칸트가 생각한 바 흄의 철학은 논박의 여지가 없어 보였다. 그러나 칸트는 흄의 철학이 세계의 철저한 해체를 예고한다는 사실을 이내 감지했다.

문제는 형이상학에 있었다. 만약 흄의 견해대로 인과율에 어떤 필연성도 없다면 과학이 붕괴하고 따라서 형이상학도 붕괴할 것이었다. 과학이나 형이상학은 합리론적 입장에서는 인간 이성에 기초한 것이기 때문이었다. 경험론적 입장에서는 우리의 판단이나 행위를 인도할 제1원리를 인정할 수 없었다. 여기에서 윤리는 법으로 대치되고 과학적 법칙은 하나의 잠정적 가설로 변하게 된다. 칸트는 새로운 철학에 입각하여 과학과 윤리를 새로운 기초 위에 정립시키기로 마음먹는다. '별이 빛나는 천체'는 자연과학에 대한, '마음속의 도덕률'은 윤리학의 기초로서 형이상학에 대한 수사적 환유이다.

칸트

지식은 경험에서 오는 것이 아니라 경험과 더불어 온다

Our knowledge comes not from experience but with experience

철학사에 있어서 대상과 인식주체의 관계는 다음 두 가지 입장 중 하나였다. 전통적인 합리론은 대상이 우리 외부에 있고 우리의 인식이 거기에 준한다고 생각했다. 이것은 우리와 독립한 외부 대상을 가정할 때 당연한 인식론이었다. 반면에 흄을 비롯한 경험론자들은 대상을 미지의 세계로 보았다. 이때 우리가 보는 것은 단지 우리의 감각 인식일 뿐이다. 다른 말로 하면 우리가 보는 것은 우리 자신이었다.

칸트는 전자에서는 독단이, 후자에서는 회의주의가 온다고 생각했다. 이 둘 사이에 조화를 이루어야만 새로운 철학이 가능할 것이었다. 칸트는 먼저 지식을 분석적 지식과 종합적 지식으로 나누고, 그것을 다시 선험적 지식과 경험적 지식으로 나눈다. 칸트의 지식에 대한 이러한 새로운 분류는 흄의 지식의 분류를 더욱 정교화한 것이었다.

이것을 다이어그램으로 나타내면 다음과 같다.

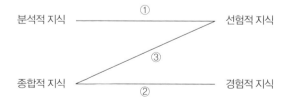

여기에서 분석적 지식은 흄의 분류로는 논증적 지식이 된다. 이 지식은 단지 주어에 대한 분석 외에 아무것도 아니다. 그러므로 분석적 지식은 당연히 선험적 지식이 된다. 이것이 1번이다. 다음으로 종합적 지식은 주어에 대한 어떤 새로운 정보가 더해지는 것으로, 이 지식은 먼저 흄이 말하는 사실의 문제에 해당된다. 이 지식은 흄의 견지에서는 경험적 지식이다. 이것은 개별적 대상에 대한 감각인식을 통해서 들어온 것이기 때문이다.

제3의 지식이 문제되는 바, 이것이 흄이 말하는 인과율이다. 칸트는 종합적이며 선험적인 지식이 가능할 때 과학이 구원된다고 생각한다. 왜냐하면 과학적 명제는 모두 제3의 명제이기 때문이다. 문제는 과학의 구원이었다. 칸트는 가장 명확하고 간결한 뉴턴의 업적이야말로 계몽적인 인간 이성이 거둔 개가라고 믿었다. 만약 과학적 언명이 선험성을 잃는다면 인간 이성 자체가 신뢰를 잃을 것이었다. 어떤 형식으로든 인간 이성의 선험성은 구원받아야 했다.

칸트는 우리가 우리의 감각인식에 대해 수동적인 입장에 있는 한 우리 지식에서 선험성이 보장될 수 없다는 사실을 먼저 간파했다. 우리의 오성understanding이 외부 대상에 대한 감각적 자료에 후행하며 그것을 종합할 때 그것은 언제나 귀납적 추론의 근거가 되고, 우리의 지적 해석이 아무리 그럴듯해 보인다 해도 선험성을 지닐 수는 없었다. 칸트는 이 문제의 해결에 먼저 전력을 다한다.

이 문제는 칸트가 아니었다 해도 경험론이 지닌 어떤 약점을 드러내는 듯 보였다. 우리가 우리의 감각에 대해 철저히 수동적이라면 만유인력의 법칙은 뉴턴이 아니라 과수원 주인이 발견해야 했다. 과수원 주인이 만유인력과 관련된 귀납적 계기에 누구보다도 많이 부딪히기 때문이다. 합리론자들이 주장하는 연역적 지식의 근거가 되는 제1원리는 독단인 것이 맞았다. 합리론자들은 우리가 경험의 진공상태에서 연역의 전제가 되는 명석판명한 출발점들을 구축한다고 주장했다. 이때 제1원리들은 증명 불가능하다. 유클리드 기하학의 예를 보면 합리론자들의 추론과정의 성격을 쉽게 파악할 수 있다.

우리가 '삼각형의 내각의 합은 180도'라는 기하학적 정리를 증명한다고 하자. 이 증명은 엇각이 같고, 동위각이 같다는 두 명제에 의해 증명된다. 우리는 다시 '엇각이 같다'는 명제와 '동위각이 같다'라는 두 명제를 각각 증명해달라고 요구할 수 있다. 이러한 증명의 과정은 무한히 계속될 수 없다. 어디에선가 멈춰야 한다. 이 멈추는 기점이 제1원리이다. 유클리드 기하학은 이 제1원리로 다섯 개의 공준을 든다. 예를 들면, '두 점 사이에 직선을 그을 수 있다'거나 '모든 직각은 서로 같다' 등의 공준이다. 우리는 다시 이 공준들의 증명을 요구할 수 있다. 그러나 공준은 기하학의 가장 단순한 명제이므로 더 이상 무엇인가로 쪼개질 수 없다. 즉 기하학적 명제의 최소 단위인 것이다. 이것에 대해 전형적인 합리론자들은 그것은 자명하기 때문에 증명되지 않는다 해도 믿을 수 있는 명제라고 말한다. 즉 우리 정신이 명석판명하기만 하면 그것이 참임을 부정할 수 없다는 것이다.

경험론자들은 그러한 자명성을 주장하는 것이 터무니없다고 생각한다. 증명 없이 참임을 주장할 수 있는 명제는 없다. 만약 어떤 명제인가가 스스로의 자명성에 대해 말하면 그것은 이미 독단이라는 것이다. 모든 지식이 경험에서 온다는 경험론의 전제상 그러한 제1명제들 역시도 사실은 귀납적 사례들의 출신일 수밖에 없기 때문이다.

이러한 문제를 해결하기 위해 칸트는 우리 인식의 수동성을 먼저 부정하기에 이른다. 그는 우리에게 외부 대상에서 오는 감각적 인식을 정돈하는 선험적 기제가 있다고 생각한다. 이것이 그 유명한 코페르니쿠스적 혁명Copernican Revolution이다. 즉 우리 인식이 대상에 준한다는 전통적인 인식론에서, 대상이 오히려 우리의 인식적 틀에 준한다는 상반된 방향으로의 사유의 전환이 코페르니쿠스적 혁명이었다.

물론 우리의 이러한 인식적 틀은 상식적 견지에서도 개연성이 있다. 우리의 인식은 대상에 대해 절대 수동적이지 않다. 이것과 관련해서는 유명한 실험이 있다. 불투명한 나무판에 바늘구멍을 내고 반대편에 오렌지를 놓은 다음 바늘구멍을 통해서 오렌지의 구면을 보도록 하였다. 오렌지를 나무판에 아주 가까이 대놓으면 실험 참가자들은 오렌지의 색깔을 제대로 판별하지 못한다. 이때 오렌지를 점점 더 멀리 떨어뜨리면 참가자들은 그것이 오렌지임을 깨닫는 동시에 갑자기 그 색깔이 노랗다는 일치된 답을 내놓는다. 어떤 대상의 색에 대한 인식도 그 대상이 무엇인가에 대한 선험적 이해가 없으면 어려워진다. 다시 말하면 우리의 관념은 적극적으로 우리 감각에 명령을 내리고 있다.

칸트의 전제는 이러한 인식적 틀이 감각과 더불어 행사된다는 것이다. 그는 경험 없는 인식을 주장하고 있는 것은 아니다. 인식을 위해 경험은 필요조건으로 작동한다. 그러나 경험에 대처하는 어떤 종류의 적극성이 우리에게 없다면 우리는 단순히 감각인식의 먹이에 불과하며, 우리의 지식은 지리멸렬해지고 만다. 과학혁명이 이룬 과학적 가설은 그 근거가 의심스러운데도 불구하고 일단 제대로 작동하고 있었다. 그러므로 당시에 과학에 대한 철학의 입장은 애매한 것이었다. 만약 경험론 철학자들의 말대로 과학법칙이 경험에서 귀납 추론된 것이라면 과학법칙의 보편성은 근거 없는 것이 된다. 그러나 어쨌건 과학법칙은 문제없이 세계를 잘 해명하고 있었다. 칸트는 과학법칙을 옹호하기로 작정하였고 이것은 과학법칙에 선험성을 부여해야만 해결될 문제였다.

칸트의 선험성은 매우 독특한 것이었다. 칸트는 'a priori'라는 용어를 'transcendental'이라는 용어로 바꾼다. 이것은 외적 선험성을 내재적 선험성으로 전환시킨 것이었다. 칸트는 시간과 공간에 대한 우리의 내재적 틀에 의해 수학이 가능하고, 카테고리를 구성하는 선험적 틀에 의해 과학이 가능하다고 말한다. 인간은 이러한 선험적 틀을 공유하고 있다. 이 점에서 이것은 선험적이다. 즉 우리의 선험성은 외부의 대상에 대한 우리 지성의 조응에 의한 것이 아니라 우리에게 내재한 생득적 틀에 의한 것이었다. 칸트는 이 틀을 적극적으로 행사할 때 우리가 우리 감각인식의 먹이임을 벗어나 세계에 대한 선험적 해명의 주인이 될 수 있다고 생각한다.

"경험 없는 관념은 무의미하고, 관념 없는 경험은 맹목"이라는 칸트의 금언은 감각인식과 개념, 경험과 관념의 관계에 있어서 그가 이 둘의 조화를 위해 얼마나 애썼는가를 보여준다. 이 점에 있어 칸트를 비판적 중재자critical mediator라고 한다. 그는 대륙의 합리론과 영국의 경험론을 어떻게 해서든 조화시키려 애썼다. 흄의 견해를 따라가면 과학은 불가능하며 따라서 세계의 해체는 불가피했다. 칸트는 이 붕괴해가는 계몽적 지성을 지키고자 노력한 마지막 철학자라 할 만하다.

19세기 초에 유럽이 부딪힌 철학적 제 문제에 있어 칸트는 누구보다도 문제점을 날카롭게 인식하고 있었고 이 문제를 해결하기 위한 시도에 있어서도 가장 포괄적이고 독창적이었다. 버클리는 신 없는 해체와 신 있는 독단 사이에서 선택을 요구했다. 칸트는 신 없는 통합을 시도한 마지막 철학자였다. 만약 칸트의 시도가 실패한다면 세계는 흄이 제시한 길을 가차 없이 따라갈 것이었고 세계의 해체는 불가피했다.

칸트는 물자체thing in-itself의 세계와 현상phenomena의 세계를 구별한다. 우리가 보는 것은 물자체가 아니라 현상이라는 점에 있어서 칸트는 경험론자들의 인식과 견해를 같이한다. 이렇게 우리 인식의 가능성을 우리 감각인식으로 후퇴시켜놓은 후 그 후퇴된 인식 가운데서의 선험성을 칸트는 주장하고 있는 것이다. 이러한 선험성이 칸트의 새로운 선험성, 즉 transcendental한 선험성이다.

세계에 대한 이러한 구분은 앞으로의 철학사에 있어서 항구적인 영향력을 미치게 되고 '물자체'라거나 '현상'이라는 용어 등은 이제 관용어구가 된다. 칸트 이후의 철학자 중 누구도 칸트의 업적에 문외한일 수는 없었다. 그때까지의 모든 문제가 칸트에 의해 다루어지며 새로운 철학적 흐름 역시 모두 칸트에게서 흘러나오기 때문이다.

칸트

인간을 수단으로 대하지 말고
목적으로 대하라

Do not treat men as means but as end

사실 문제의 판단에 있어 경험론의 첫 번째 원칙은 쓸모usage이다. 경험론적 이념하에서의 무목적적인 추구는 유희 말고는 아무것도 남기지 않는다. 왜냐하면 여기에서는 내재성이 사라지기 때문이다. 어떤 문화구조물이나 윤리가 스스로의 동기에 의해 유의미해지기 위해서는 이데아의 실재를 전제해야 한다. 이데아의 실재성이 사라지면 의미는 소멸되고 우리의 존재 이유도 소멸된다. 우리는 단지 던져진 존재에 불과하며 실존 이외에 아무것도 아니다.

이 경우 윤리적 원칙 역시 소멸된다. 윤리가 지향해야 하는 이데아가 사라지기 때문이다. 이것은 윤리가 법으로 대체된다는 것을 의미한다. 경험론하에서 우리 행위를 규제하는 원칙은 스스로의 동기에 의해 원칙이 되는 것이 아니라 우리의 사회적 합의에 의한 것이기 때문이다. 이것이 국가의 존재 동기를 계약으로 만든다. 경험론하에서는 헤겔이 말하는 바 이성의 궁극적 실현으로써의 국가관 따위는 소멸하고 만다.

여기에서 필연과 자유의지 역시 소멸한다. 우연과 결정론이 경험론하에서의 세계의 윤리적 원칙이다. 만약 로크가 충분히 경험론적이었고 자기의 인식론을 애초의 자신의 전제-'모든 지식은 경험에서 온다'-의 극단까지 밀고 나갔다면 자유, 생명, 사적 소유 등에 대한 천부적 권리에 대해 말하지는 않았을 것이다. 진정한 경험론하에서라면 그것은 하늘의 보증에 의한 권리가 아니라 사회적 합의에 의한 법이기 때문이다.

칸트는 몇 개의 정언적 명령categorical imperative에 대해 말한다. 우리 인식이 무조건적 카테고리하에서 사물을 정돈하듯이 우리 윤리적 행위도 무조건적인 카테고리를 가지는 바 그것이 바로 정언적 명령이다. 경험론하에서는 무조건적 규범이라는 것이 있을 수 없다. 왜냐하면 무조건적이라는 것은 우리 경험을 초월한, 다시 말하면 인간과 사회의 제약을 벗어난 규약임을 의미하기 때문이다. 칸트가 몇 개의 윤리적 명령을 무조건적이라고 말하는 것은 그가 그만큼 관념론자임을 보여준다.

칸트는 자유의지와 필연이 당연한 것이라고 말한다. 우리는 일련의 선험적 틀을 가지고 태어난 바, 그 본연의 틀에 대한 책임을 지니고 있으며 그것을 완성하는 것이야말로 참된 삶이다. 이러한 견지에서 윤리학은 역시 플라톤이나 아리스토텔레스의 윤리학의 흐름에 있다. 그러나 칸트는 이러한 무조건적 명령의 동기를 우리를 초월한 어떤 물자체에 놓지는 않는다. 그의 정언명령은 어쨌든 우리의 명령이다.

그는 인간을 수단이 아닌 목적으로 대하라는 위의 명령을 자기의 정언명령 중 가장 중요한 것으로 간주한다. 인간은 그 자체가 하나의 목적이고 의미이지, 다른 어떤 유용성이란 동기에 의해 존재 의의를 갖지는 않는다. 그러나 경험론적 입장에서라면 위의 명령은 그것이 법에 명시되어 있다면 그 이유 때문에 준수되는 명령이지 그 명령의 내재적 동기 때문에 준수되는 명령은 아니다.

인간은 수단일 수 있다. 어디에도 신성불가침성을 인정하지 않는 경험론은 인간에게도 고유한 차별적 가치를 부여하지 않는다. 경험론에 있어서 인간에 대한 존중이 있다면 그것은 사회를 유지하기 위한 필요 때문이다.

윤리학에 있어서도 합리주의와 경험론은 충돌한다. 합리주의는 내재적이고 고유한 의미를 찾지만 경험론은 외적 유용성과 공공성을 찾는다. 칸트의 정언명령은 그의 형이상학에 있어서와 마찬가지로 아마도 최후의 계몽적 인간관일 것이다.

버크

형이상학적인, 너무도 형이상학적인
Metaphysical, too metaphysical

버크Edmund Burke (1729~1797) ────────────────────────

아일랜드 출신의 영국 철학자이며 정치가이다. 영국 하원에서 휘그당의 일원으로 활약했다. 그는 미국
혁명을 지지했지만 동시에 프랑스 혁명에는 반대한 것으로 유명하다. 그는 프랑스 혁명이 지닌 과격한
공화제적 성향과 관념성을 비난한다. 그는 고전적 자유주의자이며 근대 보수주의를 잘 결합한 정치가
이다.

시민사회로 이르는 정치혁명에 있어서 영국과 프랑스는 상이한 경로를 밟는다. 시민사회에 이르기 위해서는 시민의 권리가 어떤 식으로 행사되느냐가 가장 큰 문제였다. 경제적 능력과 거기에 따르는 조세 부담의 짐을 짊어진 사람들은 언제고 자신들을 대표할 권력을 요구한다. 대표 없이 과세 없는 것 이상으로 과세가 있으면 대표가 있어야 한다.

부르주아들의 가장 커다란 관심사는 자신들의 경제적 이익을 마음껏 추구할 수 있는 무한대의 자유였다. 물론 그들은 이 자유가 무산자들에게까지 허락되는 것은 아니라고 생각했다. 부르주아들이 말하는 자유는 경제활동의 자유였고 그것이야말로 그들이 가장 우월한 조건에서 거리낌 없이 활동을 펼칠 수 있는 수단이었다. 이를테면 자유는 부르주아들의 물질적 추구라는 음성 신호가 실려가는 전류와 같은 것이었다.

정치혁명의 이념은 물론 계몽주의였다. 계몽주의 운동을 펼치는 여러 철학자와 과학자들은 한 가지 점에서 의견이 일치하고 있었다. 앙시앵레짐은 새로운 체제로 바뀌어야 한다는 것이었다. 영국은 구체제에서 신체제로의 이행이 비교적 순조롭게 이루어졌다. 상비군을 구축할 필요가 없는 섬나라라는 지정학적 동기 때문에 왕권이 쉽게 제한되었다. 런던 시민의 뜻이 곧 국가의 뜻이었다. 신체제로 이행하는 데 있어 가장 커다란 장애는 사실 국왕이 아니라 귀족계급과 상층 교권계급이었다. 영국에서는 왕과 부르주아가 결탁하여 이 두 계급을 효과적으로 억누를 수 있었지만 프랑스는 어리석게도 왕이 궁극적으로 기득권을 수호하려는 귀족과 결탁했고 이것이 피를 부르는 혁명을 불러왔다.

영국은 경제적 실력과 사회·정치적 권력을 대등하게 만든다. 다시 말하면 정치적 권력은 세금에 달린 문제였다. 담세擔稅에 따라 권력에의 참여가 결정된다. 경험론적 전통을 가진 영국은 어떤 계급에 대한 어떤 종류의 선험적 원칙도 믿지 않았다. 모든 것을 결정하는 것은 오로지 돈이었다. "돈이 말을 하면 사람이 입을 닥친다"는 영국 속담은 그들이 지닌 기질을 잘 말해준다. 여기에 왕권신수설 따위를 비롯한 권력의 선험적 성격에 관한 정치철학은 발붙일 수조차 없었다.

프랑스 혁명은 영국의 혁명과는 완전히 다른 양상으로 전개되었다. 프랑스의 기득권 계급과 왕은 경제적 실력을 갖춰 나가는 부르주아 계급에게 정치적 권력을 나눠주지 않았다. 유럽의 근대사는 '상승하는 중산층the rising middle class'에 대한 고려 없이는 이해할 수 없다.

결국 프랑스의 시대착오는 어떤 안전판도 용인하지 않았고 안전판 없이 가열되던 용기는 끝내 폭발하여 다른 길을 찾을 수밖에 없었다.

문제는 형이상학적 기질을 가진 프랑스인들이 앙상레짐을 뒷받침하던 합리론적 철학을 다른 종류의 합리론적 철학으로 바꾸었다는 데 있었다. 그것이 인권선언이다. 그것은 공화제적 신념에 가득 찬 선언이었다. 거기에서는 인권이나 자유 등이 새로운 선험적 원칙, 즉 양도될 수 없는 철학의 권리로 표현된다.

온건한 상식에 입각하는 경험론적 입장에서의 프랑스 혁명과 인권선언은 기존의 앙상레짐만큼이나 허황되고 공허한 형이상학적 이상주의 외에 아무것도 아니었다. 영국인들의 입장에서는 근대 국가의 이념은 마땅히 경험론적인 것이 되어야 했다. 에드먼드 버크는 프랑스 혁명이 성립시킨 인권선언에 대해 이와 같이 개탄한다. "형이상학적인, 너무도 형이상학적인." 이것은 다른 말로 하자면 "공허한, 너무도 공허한"이었다.

쇼펜하우어

세계는 나의 표상

The world is my representation

쇼펜하우어Arthur Schopenhauer (1788~1860) ────────────────

고유의 비관론과 명석한 심리적 폭로주의로 유명한 독일 철학자. 주저 《의지와 표상으로서의 세계(Die Welt als Wille und Vorstellung)》에서 세계란 본질적으로 인간의 의지(will)에 의해 포착된다고 주장하였다. 인간의 의지에 대한 그의 이러한 분석은 결국 인간이 스스로의 의지를 충족하고자 하는 욕구 때문에 괴로워할 수밖에 없는 존재라는 사실을 말한다.

쇼펜하우어가 이 언명을 그의 역작 첫머리에 놓으며 스스로가 칸트의 후계자임을 자임할 때 쇼펜하우어 역시 한 명의 관념론자로의 위치를 차지하게 된다. 쇼펜하우어는 이 언명이 매우 자기반성적인 것이라고 말한다. 우리는 우리에게 알려진 세상을 '나의 표상'으로 보기보다는 객관성과 보편성을 지닌 대상으로 보기 때문이다. 앞에서 말한 대로 세상이 꿈이 아닌가 하고 생각해본 적이 없는 사람이 철학을 할 수는 없다. 쇼펜하우어가 이 언명에 대한 동의가 철학의 출발점이라고 말하는 것은 사실상 '의심'에 대해 말하는 것이다.

의심의 결과는 내게 알려진 세계, 내가 알고 있는 세계가 실재로서의 세계가 아니라 하나의 표상Vorstellung, representation으로써의 세계일 뿐이라는 것이다. 칸트 철학에 비추어 보았을 때 이 말이 전적으로 새로운 것은 아니다. 그러나 칸트가 말하는 바의 현상은 인간에게 공유되는 표상이지만 쇼펜하우어는 이것을 '나의' 표상이라고 말한다. 쇼펜하우어는 우리가 구성하는 세계의 실재(물자체)에 대한 표상이 얼마만큼 객관적이며 실재론적인 표상이냐는 것에 상대적으로 관심을 주지 않았다. 오히려 쇼펜하우어는 이 표상을 불러일으키는 생물적인 동기가 있다고 보는 바 이것이 그의 '충족이유율Principle of sufficient reason'이었다.

쇼펜하우어는 여기에서 매우 독창적으로 자신의 철학을 개시한다. 이것이 그의 생철학Lebensphilosophie이다. 생철학은 생명현상으로서의 우리에 대한 탐구를 통해 세계를 해석하기 위한 우리의 근거를 설명하고자 하는 시도이다.

전통적인 인식론이 '인식'이라는 우리 인지적 활동의 표층만을 다루는 데 반해 쇼펜하우어에게서 시작된 생철학은 그 인식의 동기를 파헤치고자 한다. 이때 그는 생명의 가장 깊은 곳에서 '살고자 하는 의지' 즉, 충족이유율의 동기를 발견하게 된다. 결국 표상이란 나의 살고자 하는 의지의 충족이유율인 것이다. 우리가 지성이라고 말해온 것은 우리가 생각해온 바대로 객관적이고 무사무욕한 인식이 아니라 살고자 하는 의지가 그것을 충족시키기 위한 도구로 사용하는 것이다.

쇼펜하우어의 이러한 철학은 어느 정도 프로이트의 업적을 선취하고 있다. 어떤 사람들은《의지와 표상으로서의 세계Die Welt als Wille und Vorstellung》를 읽은 뒤에는 프로이트를 따로 공부할 필요가 없다고까지 말한다. 물론 프로이트는 상당한 임상적 경험과 생리적 실험을 통해 인간의 의지와 그 합리화에 대해 과학적 탐구를 하지만 그 근원적

아포리즘 철학

인 방법론이나 행위의 동기에 대한 직관은 이미 쇼펜하우어가 제시하였다. 프로이트는 겉으로 드러나는 인간의 모든 행위는 자신의 성적 동기에 대한 합리화에 지나지 않는다고 말하는 바, 쇼펜하우어는 프로이트의 성적 동기에 대해 '생에의 의지'라고 미리 말하고 있다.

쇼펜하우어의 철학은 근대 세계의 본격적인 심리적 폭로가 시작되고 있음을 말해준다. 니체는 나중에 '생에의 의지'를 '권력에의 의지'로 바꾼 채로 인간의 행위와 도덕에 해부의 칼날을 들이댄다. 이러한 폭로주의가 이데올로기에 대한 고찰과 신화 등의 분석에 의해 현대에까지 이르게 된다. 결국 모든 문화구조물은 하나의 이데올로기로써 누군가의 이익을 위해 봉사하는 것이며 천상적이거나 보편타당한 원칙은 아닌 것이다.

20세기의 포스트모더니스트들은 자신들의 기원으로 니체를 말하고 있지만 니체 스스로는 쇼펜하우어로부터 출발한다. 20세기 모더니즘의 기원은 인식론적 해체의 결과이고, 포스트모더니즘의 기원은 생철학적 해체가 기원이다. 근대 말에 이르러 해체의 시대가 시작되고 있었다. 19세기 말에 유행하는 환원주의reductivism는 쇼펜하우어로부터 시작된다. 니체, 다윈, 마르크스, 프로이트 등으로 이어지는 문화구조물이나 경제체제, 정치체제에 대한 환원적 분석은 해체를 의미하는 것이고 이러한 과정이 가차 없이 진행되는 가운데 인류는 매우 가혹하고 노골적인 폭로주의에 직면하게 된다. 해체에서 자유로운 것은 하나도 없게 된다.

쇼펜하우어

종교는 반딧불이와 같아서 반짝이기 위해서는 어둠이 필요하다

Religion is like a firefly. To glister it needs darkness

종교에 대해 호의적인 철학자는 없다. 이것은 신앙에 대한 문제와는 다르다. 신앙은 철학과 관련되지만 종교는 제도와 정치의 문제와도 얽히기 때문이다. 이것은 "신이 죽었다"는 등의 멋진 언명과도 상관없다. 여기서 말하는 '죽은 신'은 사실 신에 대한 얘기가 아니라 '사람들이 생각하는 신'에 대한 이야기이기 때문이다.

쇼펜하우어는 "종교는 무식한 사람들의 착각"이라고 비판한다. 인간은 자기반성적이라는 점에 있어서 매우 독특한 동물이다. 다른 동물들은 자연 속에서 자기 운명에 대해 수동적이다. 그러나 인간은 "이것은 다 무엇인가?"라고 묻는 존재임을 쇼펜하우어는 지적한다. 이때 존재하는 모든 것들을 존재하게 하는 실재에 대한 탐구가 커다란 문제로 떠오른다. 철학이나 종교는 이 동일한 물음에 대한 다른 측면으로의 답변이다.

여기서 철학은 어딘가에 의존한다거나 무엇인가를 맹신하기보다는 자신이 지닌 지적이고 심정적인 탐구를 통해 존재의 의미를 밝히려 애쓰는 데 반해 종교는 맹신을 요구하는 독단에 의해 존재의 의미를 설명한다. 종교에 대한 쇼펜하우어의 부정적인 입장은 그것이 근

아포리즘 철학

거 없는 존재를 가정한 채 인간의 이성을 마비시키기를 요구한다는 데에서 연유한다. 쇼펜하우어가 비판하는 종교는 물론 유럽의 전통적인 종교이다. 같은 문제에 대한 키르케고르의 탐구와 답변에 대해 알았더라면 쇼펜하우어가 위와 같은 언명을 하지는 않았을 것이다.

쇼펜하우어가 이해하는 바의 종교란 전형적인 합리론적 신념에 기초한 종교이다. 그러나 신에 대한 독단을 설정하지 않는 종교도 있다. 바로 키르케고르나 베르그송의 신앙이다. 이 문제는 다음 시대에 이르러 새롭게 대두된다.

진실한 사색가는 한 명의 군주이다

An earnest thinker is a monarch

이 언명은 단순히 쇼펜하우어 고유한 철학의 이론적 측면과 관계를 맺는 것만은 아니다. 이것은 모든 삶의 양식에 적용된다. 쇼펜하우어가 헤겔에 대해 가졌던 혐오와 분노는 상상 이상이었다. 이것은 질투심만은 아니었다. 쇼펜하우어가 보기에 헤겔은 허장성세에 물든 채 공허한 철학을 관념적 언어로 떠벌리는 사람이었다. 현대 철학의 입장에서 바라보면 헤겔의 철학이 공허하고 겉멋 들린 측면이 있기는 하다. 그가 말하는 국가 이성 따위의 관념은 무의미할 뿐만 아니라 실증적인 것이 되지 못한다.

그러나 당시에 헤겔이 누리는 인기는 대단했다. 카리스마를 지니고 멋진 언사로 국가와 민족의 의의 따위를 말하는 사람들은 언제나 인간의 허영심과 자긍심을 만족시켜준다. 이 알맹이 없는 철학은 바로 그 이유 때문에 크나큰 대중적 인기를 누린다. 헤겔은 그의 《법철학Philosophy of Right》에서 법을 국가와 민족의 윤리적 의의를 응고시킨 것으로 본다. 그러나 쇼펜하우어에게 있어서 법은, 단지 자기의 살고자 하는 의지를 구현하기 위한 사회적 합의에 불과했다. 거기에 윤리가 있다면 오히려 그것이 법으로부터 나온 것이었다. 즉 법이 윤리의 응고가 아니라 윤리가 법의 응고이다.

모든 법이 동일한 비중을 갖지는 않는다. 법률 조항 가운데 어떤 것은 공동체 구성원 전체의 생존과 직결되기도 한다. 예를 들면 고대 인디아에서 행하던 암소의 도축이나 섭취는 구성원 전체의 생존을 위태롭게 하는 것이었다. 이것은 우선 법으로 금지된다. 그러나 법률은 약점을 가진다. 법의 눈만 피하면 되기 때문이다. 이때 공동체는 그러한 법을 윤리로 바꾼다. 윤리로 바뀐 법이 지닌 이점은 법망을 피해도 하늘의 눈을 피할 수는 없다는 것이다. 법은 행위의 준칙이지만 윤리는 양심의 준칙이기 때문이다.

물론 헤겔은 이와 반대되는 이야기를 한다. 그러므로 헤겔은 해체주의자인 쇼펜하우어와는 상반되는 입장에 있다. 헤겔 이후에 헤겔 철학의 대부분은 그의 도상적 변증론을 빼고는 잊히고 만다. 현대는 쇼펜하우어에게서 비롯된 해체주의의 입장에 있다. 위의 언명은 쇼펜하우어가 당시의 자기 입장을 말하고 있는 것이다. 헤겔의 생각과 그 대중적인 인지도가 어떤 것이든 스스로는 스스로에 대해 군주의 입장에 있는 사색가라는 것이다.

개인의 사랑의 의지는
종족에 대한 의지이다

Individual's will of love is the will of race

쇼펜하우어는 사랑을 단지 성적 동기 위에 놓고, 성적 동기를 다시금 생식의 본능 위에 놓는다. 그는 개인을 단지 종에 봉사하는, 다시 말하면 유전인자를 실어 나르는 도구로 보았다. 인간의 마음속에 있는 사랑을 향하는 본능은 사실은 종의 명령을 수행하기 위한 본능이다. 이러한 통찰에 있어 쇼펜하우어는 현대 진화생물학자들의 가설을 선취하고 있다.

쇼펜하우어는 남녀 간의 이끌림도 같은 맥락으로 설명한다. 이것은 자기의 결여를 배우자를 통해 보완하고자 하는, 즉 자신의 후손에 대하여 자신의 결여가 보완되는 방향으로 선택하려는 시도이다. 그러므로 성적 이끌림은 자기에게 숨겨져 있는 더 나은 개체로의 종에 대한 봉사의 명령을 수행하는 것이다.

우리가 정략결혼이라고 보통 일컫는 것은 종을 희생시켜 개인의 안전과 이득을 보장받기 위한 것이다. 이것이 비난받는 이유도 그러한 선택을 하는 사람의 이기심이 종을 희생시키기 때문이다. 사랑의 대상을 선택하는 데 있어 성적 본능에 자신을 맡긴다는 것은 종을 위한 개체의 희생이지만, 성적 본능을 억누르고 다른 사회적이거나 경제적인 동기에 의해 상대를 선택한다는 것은 종을 희생시키고 자기 개체의 안정 보장을 확보하는 것이다.

쇼펜하우어가 말한 위의 언명에서 '개인의 사랑'은 성적 사랑을 일컫는다. 의지의 발동으로써의 사랑 자체는 생명에의 의지에서 나온 것이기 때문이다. 그리고 이러한 사랑은 더 나은 개체를 낳아 종의 전체적인 개선에 공헌하려는 숨겨진 본능이다.

니체

신은 죽었다
God is dead

니체Friedrich Wilhelm Nietzsche (1844~1900) ——————————————

메타포와 아이러니, 아포리즘 등의 문학적 수사로 이름 높은 독일 출신의 철학자. 그는 일반적으로 인식되는 가치 체계와 진리에 대해 전면적인 도전을 한다. 그의 이러한 측면은 나중에 실존주의, 포스트모더니즘 등에 지대한 영향을 미친다. 그는 신의 죽음, 권력에의 의지 등을 인간이 처한 현실로 보았다.

하산하는 길에 짜라투스트라는 아직도 신을 경배하는 사람들을 만난다. 그는 중얼거린다. "이상한 사람들이다. 아직도 신이 죽은 사실을 모르고 있다니…."

이 언명은 매우 유명해졌으며 따라서 많은 사람들에게 비난의 빌미를 제공하였다. 그러나 어떤 동기에서건 니체의 이 언명을 비난한다면 그는 무식한 사람이다.

흄과 칸트 이후로 신의 존재는 우리 이성의 범주를 벗어난다. 칸트의 비판철학에서 비판은 우리 이성이 경험의 범주를 넘어서까지 작동하는 것을 잘라낸다는 의미이다. 어떤 의미에서 보자면 칸트의 비판은 오컴의 면도날과 같다. 우리 경험에 의한 검증이 불가능한 대상, 즉 우리 감각인식을 넘어서는 대상에 대해서는 우리는 무엇도 말해서는 안 된다.

인식론상의 합리주의에 내재한 가장 큰 문제는 그것이 경험의 범위를 넘어선 곳에도 이성을 적용시킨다는 데 있다. 신은 당연히 우리 감각인식을 넘어선 곳에 있다. 그러므로 신의 존재 유무는 우리가 이성의 작용으로 판단할 문제가 아니다. 그러므로 니체가 신이 죽었다고 말할 때는 합리적인 인식론에 있어서의 신이 소멸됐다는 의미이다. 기존의 설명하에 존재하는 신은 부재하게 되었다. 기존의 신학이 말하는 대로 신의 존재를 믿고 있는 사람들에게 니체는 "신은 죽었다"고 말하고 있다. 이때 니체는 당신들의 신이 죽었다고 말하고 있는 것이지, 신 일반이 죽었다고 말하고 있는 것이 아니다.

신의 존재를 증명할 수 없는 것처럼 신의 부재 또한 증명할 수 없다. 신은 우리가 자연과학의 대상을 대하는 태도로 마주할 수 없는 대상이기 때문이다. 신은 인식과 증명의 대상이 아니다. 신은 은총과 계시와 믿음과 관련된 대상이다.

니체

사랑은 선악의 피안에 있다

Love goes beyond the good and evil

니체의 철학은 실용주의 철학과 뗄 수 없는 관계에 있다. 쇼펜하우어의 뒤를 이은 생철학자인 니체는 합리론적 전통에 대해 의구심을 보내는 점에 있어서 실재와 본유관념을 믿지 않았다. 합리론적 전통은 행위를 윤리의 규준으로 삼지 않는다. 전통적인 윤리는 선과 악의 기준을 미리 정해놓는다. 그것은 이를테면 율법과 같은 것이다. 하늘의 계시에 따라 석판에 새겨진 율법이 선악의 기준으로 먼저 제시된다. 그러므로 이 경우 윤리는 행위에 앞서 초월적인 것으로서 존재하게 된다.

니체는 관념의 선험성를 믿지 않으며 따라서 윤리적 규준의 선험성도 믿지 않는다. 그 자체로써 올바른 행위는 없다. 어떤 행위가 올바른 것이 되기 위해서는 그 행위가 올바른 것으로 판정이 나야만 한다. 따라서 행위의 규준은 원인에 의해 정해지는 것이 아니라 결과에 따라 정해진다. 니체는 "어떤 행위가 선하다거나 선하지 않다는 것은 그 행위에 대한 올바른 규준이 아니다. 문제는 그것이 생명을 보존하고 독려하고 창조하는가, 그렇지 않은가에 달려 있다"고 말한다.

물론 예수도 기존의 유태 율법을 어기며 주일에도 사람을 구한다.

그러나 예수는 말한다. "나는 율법을 폐하러 온 것이 아니라 세우러 왔다"고. 예수의 견해는 니체의 견해와는 다르다. 예수는 과거의 율법을 새로운 율법으로 대체해야 한다고 말하고 있다.

니체가 말하려는 것은 이와 다르다. 니체는 본유적인 것으로서의 윤리적 규준에 우열이 있다고 생각하지 않았다. 그는 행위의 규준이 전통적인 윤리적 기준을 벗어나 있다는 사실을 말한다. 그것은 선과 악을 넘어서는 저기에 있다. 진리는 이성과 배치되지 않는다. 단지 그것을 넘어설 뿐이다.

니체

사회주의는 질투이다

Socialism is jealousy

니체는 민주주의에서 범용함과 고착성을 본다. 민주주의에서 발생할 수 있는 문제점에 대해서는 루소도 의식하고 있었다. 루소는 주권이 행사하는 의지가 전체 의지이기보다는 일반 의지여야 한다고 말했다. 루소는 다수결을 경계하고 있다. 그렇다고 해도 루소는 적절한 이상주의에 의해 인도되기만 한다면, 권력이 대중으로 이행되는 흐름이 불가피하다고 생각했다.

니체는 민수주의가 다수결이라는 방식으로 탁월한 영웅들을 몰락시킬 수 있다고 생각했다. 니체는 이것을 무리도덕herd–moral이라고 이름 붙인다. 즉 양의 무리가 단지 다수결만으로 영웅을 억누를 수 있다는 것이다. 문제는 언제나 진화와 평등 사이에서 벌어진다. 민주주의는 좀처럼 탁월성을 인정하지 않으려 한다. 탁월성은 언제나 다중의 범용함을 일깨우기 때문이다.

니체는 겸허라는 미덕도 그 사회적인 측면에서는 공포로부터 나오는 것이라고 말한다. 민주주의 사회에서는 특정인의 탁월함이나 우월성이 질시의 대상이 되기 때문에 위선적 겸허로써 그것을 덮으려 한다는 것이다.

니체는 사회주의 역시도 그 동기는 다른 사람의 경제적 우월성에 대한 질투에 있다고 말한다. 니체의 이러한 분석은 나름의 문제점을 지니고 있다. 박애에 기초한 사회주의도 있을 수 있기 때문이다. 사회주의의 심리적 근저에 대한 판결이 아니라 사회주의 주창자들의 입장에서의 반성과 자본주의 주창자들의 입장에서의 반성이 큰 의미를 갖는 이유가 여기에 있다.

베르그송

나의 철학은 반항이다
My philosophy is rebellion

베르그송Henri Louis Bergson (1859~1941)

20세기 전반기에 절대적인 영향력을 미친 프랑스의 주요한 생철학자. 예술사상의 인상주의, 후기 인상주의, 표현주의 등이 모두 그의 영향력과 관계가 있다. 그는 직접적인 경험과 직관이 실재를 포착하는 데 있어 이성이나 과학보다 우월하다고 주장한다. 1927년에 그의 풍부한 개념과 문체의 화려함 등에 힘입어 노벨문학상을 수상한다.

유럽인들의 스스로에 대한 자신감은 19세기 말에 정점에 이르렀다. 데카르트로부터 시작된 기계론적 합리주의는 세계의 작동 원인을 알 수 있다는 신념을 불러왔고 이러한 신념은 다윈니즘과 자유론에 의해 절정에 이르게 된다. 기계론적 합리주의는 크게 두 가지의 신념에 기초한다.

하나는 세계의 운동법칙을 수학적으로 계량화할 수 있다는 신념이다. 이것은 이를테면 하나의 인과율로 작동하는 것이며 그 수학적 대응물은 함수가 된다.

$$x \xrightarrow{\ \ f\ \ } y$$

위과 같이 정의되는 함수에 있어 f가 바로 세계가 작동되는 원리이다. 이때 f가 인과율이며 이 f의 총체가 곧 세계의 운동법칙이라고 생각했다. 만약 질량을 가진 두 물체가 있다고 하자. 이때 f는 '두 물체 사이의 거리의 제곱에 반비례하고 두 물체의 질량의 곱에 비례'하는 힘이 된다. '두 물체 사이'라는 원인은 '끄는 힘'이라는 결론으로 이끌리는 바, 이때 그 끄는 힘이 f에 의해 계량화된다. 데카르트가 운동법칙의 발견에 대한 신념과 그 대응물로써 함수를 내놓았을 때 근대 세계의 전개는 그가 제시한 방향을 따라가게 된다. 데카르트가 근대 철학의 아버지인 이유는 여기에 있다.

기계론적 합리주의의 또 하나의 신념은 환원주의에 있다. 환원주의는 모든 복합적 구성물-사실 현존은 모두 복합적 구성물인 바-이 가장 단순한 요소로 환원될 수 있다는 신념이다. 다시 말해 어떤 복합물은 그 환원적 요소들의 총합이다. 예를 들면 여기에 x^2-1이라는 복합물이 있다고 하자. 이때 이것은 $(x+1)$과 $(x-1)$의 곱으로 환원된다. 즉 $x^2-1=(x+1)(x-1)$이다. 환원주의는 모든 존재에 대해 이러한 인수분해가 가능하다는 신념이었다.

베르그송은 기계론적 합리주의에서 비롯된 이 두 개의 신념을 반박한다. 물론 데이비드 흄은 순수하게 인식론적 견지에서 합리주의의 첫 번째 신념, 즉 인과율의 선험성에 대한 신념을 붕괴시킨다. 흄에게 있어 인과율은 단지 우리 습관이 고착화된 것일 뿐이었다. 그러나 베르그송은 다른 방향에서 인과율에 접근함으로써 이 믿음을 붕괴시킨다.

베르그송이 보기에 세계는 고정된 운동을 단순히 되풀이하는 것이 아니라 항상 창조적 상황에 있다. 물론 베르그송은 운동과 변화의 수학적 계량화가 무의미하다고까지 말하지는 않는다. 그가 말하는 것은 생명현상과 관련하여 이것을 적용시키는 데에는 무리가 있다는 것이다. 생명현상은 진자운동과는 엄연히 달라서, 항상 창조적 상황에 있으며 예측불허의 폭발적 갱신력을 가진다. 그러므로 생명현상에 대해 물리·화학적 분석을 하는 것은 무의미하다.

베르그송은 특히 다위니즘을 비판하고 자기 고유의 새로운 진화론을 도입함으로써 기계론적 합리주의의 두 요소를 모두 극복하고자 한다. 문제는 진화론이 아니었다. 다윈 이전에 이미 지질학이나 고생물학에 대한 연구는 생명현상의 진화에 대해 말하고 있었다. 다윈의 혁명은 그 진화의 메커니즘을 나름의 양식으로 설득력 있게 제시했다는 사실에 있다. 그러나 이러한 다윈의 작업은 당시에 팽배해 있던 기계론과 환원적 사고방식에 의한 것이었다.

다윈의 주장에 따르면, 인간이란 동물은 유인원에 유인원이 갖지 못한 인간적 특성들이 더해져 생겨난 것이다. 이때 유인원에게 새롭게 부가된 특징들은 변이와 적자생존에 의해 살아남게 된다. 예를 들어 유인원의 일부 개체가 직립이라는 새로운 인자를 획득한다. 이때 직립의 변이를 지닌 유인원은 살아남기에 유리한 조건을 갖추게 되고, 이 개체군이 다수가 됨에 따라 인류라는 종으로 진화할 하나의 조건을 갖춘 셈이 된다.

아포리즘 철학

다윈은 "자연에는 갭이 없다"거나 "자연에는 도약이 없다"고 말한다. 그는 세계가 현존하는 종 그대로 창조되었다는 사실을 부정함으로써 파르메니데스 이래 지속되어온 존재의 집합으로서의 세계를 부정한다. 생명현상은 가장 단순한 생명으로부터 여러 방향으로 향하는 진화에 의해 분기되어 나가고 있다고 주장하는 것이다. 이로써 생명현상의 종적 고정성은 사라지고 대신 거기에 끊임없는 변화도상에 따른 생명의 흐름만이 존재하게 된다. 이것이 다위니즘의 세계관이다.

베르그송은 변화와 흐름으로써의 세계상에 반대하지 않는다. 베르그송이 반대하는 것은 이 흐름의 메커니즘이 기계론적이라는 다윈 고유의 주장이었다. 베르그송은 다위니즘의 기계론적 진화론을 반박하는 한편, 고유의 반주지주의적 이론을 주장한다. 인간의 인식 능력 중 무소불위의 권력을 휘둘러온 지성의 전권에 맞서 그는 이렇게 말한다. "나의 철학은 반항이다." 여기서 말하는 반항은 그리스 시대 이래 인간의 인식을 지배해온 지성에 대한 반항을 의미하는 것이었다.

결과가 원인을 포괄할 수는 없다

The result cannot contain the cause

베르그송은 인간의 지성은 진화의 도상에서 인간이 생존을 위해 발달시켜온 세계에 대한 하나의 인식적 도구에 지나지 않는다고 생각한다. 지성의 가장 커다란 특징은 개념을 형성하는 능력이다. 세계는 본래부터 개념적 사물의 분할된 집합이 아니었다. 세계는 연속된 것이었다. 그러나 인간의 지성은 이것을 분절시켜 개념을 얻어낸다.

지성은 사물을 감쇄시킨다. 우리가 명사를 부여하여 얻어내는 하나의 개념은 사실은 우리가 그 사물의 전체상에 대해 알아낼 수 없을 정도로 무한한 내용 가운데 속한 일부에 불과하다. 그러나 우리는 우리의 인식적 틀에 맞추어 고정된 형상을 거기에서 분리해낸다.

예를 들어 사과나무에 매달려 있는 하나의 사과를 생각해보자. 그 사과에는 무한히 많은 내재적 정보가 들어 있고 또한 그 사과가 주변 사물들과 맺고 있는 유기적 정보는 더욱 무한하다. 그러나 우리가 그 사과를 손가락으로 가리키며 '사과'라고 부를 때 이미 정보의 감쇄가 일어나기 시작한다. 우리는 거기에서 먼저 구체 모양의 형상을 형성하고 특정한 색과 냄새와 감촉과 맛 등을 부여한다. 그러나 우리가 그 사과에 대해 아무리 많은 인식적 수단을 부여한다 해도 사과의 전체상이 드러나는 것은 아니다. 더구나 사과에 대한 우리의 인식에는 간접적인 상상력까지도 동원된다.

우리는 입체를 볼 수 없다. 우리의 눈은 언제나 평면을 지각할 뿐이다. 우리가 어떤 사물을 지칭할 때 반드시 상정되는 사물의 입체성은 사실은 평면적 지각을 우리 머릿속에서 상상력으로 조합한 것이다. 그러나 우리의 상상력은 믿을 바가 못 된다. 감각인식은 직접적인 데 반해 상상은 기억에 의존하기 때문이다.

따라서 우리가 얻어내는 개념에는 두 가지 문제가 따른다. 첫째는 개념이 사물의 실재가 아니라 사물의 감쇄라는 사실이며, 두 번째는 개념이 우리 감각이 갖는 희미한 기억의 누적물이라는 것이다. 우리 지성이 수행하는 주요한 역할은 바로 이 개념을 얻어내는 것이다.

최초의 생명현상은 심지어 식물과 동물의 혼합체였다. 적충류는 운동을 하여 먹이를 취하면서도, 동시에 엽록소를 가지고 광합성을 한다. 그러나 생존이 가능하다고 느끼는 순간 더욱 큰 효율을 찾아 식물과 동물로 분기된다. 이것이 생명현상의 전문화 과정이다. 식물은 전문적으로 광합성만을 하면서 운동을 포기한다. 태양에너지는 시간적으로는 이득을 누릴 수 있지만 폭발적이라 할 만큼 효율이 높은 영양은 아니다. 따라서 식물은 고정된 채로 지속적으로 영양을 섭취하기 위한 노력을 하게 된다. 식물적 삶은 좀 더 생존의 가능성이 높다.

태양에너지는 어디에나 있기 때문이다. 그러나 그 희박성 때문에 전 시간을 영양 섭취에만 주력해야 한다.

반면에 동물은 축적된 태양에너지를 섭취하는 방향으로 생존의 양식을 결정한다. 동물은 식물이 오랜 기간에 걸쳐 고정시켜놓은 에너지를 섭취함으로써 상대적으로 효율성이 높은 에너지에 의존하게 된다. 그러나 동물은 이동해야 한다. 축적된 에너지, 즉 식물을 섭취하기 위해 이리저리 운동을 한다. 따라서 동물은 운동과 선택을 하는 데 최적화된 신경세포와 의식의 선명성을 획득해 나간다.

여기에서의 효율성은 두 가지 방향으로 향하게 된다. 한 방향은 본능이라는 수단을 사용하는 방향으로, 다른 방향은 지성을 사용하는 방향으로 나아간다. 전자가 결국 곤충으로 이르고 후자는 척추동물로 이른다. 이때 본능에 의해 고도로 효율적인 사회를 구성하는 개미나 벌의 사회가 본능에 의존한 진화의 흐름에서 정점을 이루고, 지성에 의해 자신을 둘러싼 환경 자체를 변경시키는 인간이 척추동물로 이르는 진화의 정점이다.

그러므로 곤충에게도 지성의 흔적은 있고 인간에게도 본능의 흔적은 있다. 왜냐하면 그것들은 모두 같은 뿌리에서 기원했기 때문이다. 이와 같은 견지에서 생명을 바라보았을 때 본능이나 지성은 모두 생명의 흐름이 가져온 하나의 결과물이다. 그 둘은 모두 생존을 위해 생명현상이 분화시킨 것들이다. 그러므로 지성을 통해 생명현상 전체를 포괄할 수는 없다. 지성은 생명현상의 일부이기 때문이다. 부분이 전체를 포괄할 수 없고 결과가 원인을 포괄할 수는 없다. 원인은 언제나 결과보다 큰 세계이다.

우리의 지성은 기하학적 성격을 지닌다. 그것은 먼저 형상form과 관련된다. 이것이 추상이다. 이렇게 얻어진 추상적 입체나 도형들은 자연의 가장 극단적인 감쇄이다. 사물은 형언할 수 없이 다채로우나 우리의 지성은 거기에서 궁극적으로 차갑고 금속성인 연장extension 만을 추출한다. 그러고는 이 기하학적 도형들이 세계보다 선재한다고 생각한다. 이것이 그리스의 관념론이다.

베르그송이 부정하는 것은 이것이다. 기하학은 지성이 그 소유자의 생존을 위해 세계를 비생명화하는 학문이다. 그것이 오히려 돌아서서 너희의 주인이라고 말하는 것은 부당하다고 베르그송은 주장한다. "바닷가에 밀려온 조약돌이 파도 전체의 모습을 그린다고 말하는 것과 같다"고 베르그송은 말하는 바, 지성은 여기에서 하나의 조약돌인 것이다.

기계론적 합리주의에서는 지성이 전권을 행사한다. 기계론에 따르면 세계는 커다란 기계이고 그 작동은 수학이라는 언어로 읽힐 수 있는 책이다. 그러나 베르그송은 이것을 경계한다. 베르그송은 우리 자신을 되돌려 우리의 기원으로 향할 것을 권한다. 이것은 지성을 버리라는 것이 아니다. 지성이 생명의 단지 한 양상, 혹은 한 국면으로 파악되는 한 문제가 없다. 우리는 우리에게서 지나치게 비대하게 스스로를 주장하는 지성을 되돌려 우리의 원초적 기원으로 겸허하게 되돌아가야 한다. 거기에서 우리는 생명현상의 원초성을 자각할 수 있다. 이때 우리는 생명의 흐름을 감지할 수 있다.

베르그송

언어는 관념을 배반하고
문자는 정신을 죽인다

Language betrays ideas and letters betray speculation

베르그송은 생명이 언어나 문자로 고착되면서 고유의 생생함과 생명성을 잃는다고 생각한다. 이것은 세계를 포착하는 데 있어서 매우 중요한 문제이다. 기계론자들은 현존에 대한 이해를 분석과 환원에 의해 시도한다. 이것은 확실히 수학적 사고방식이다.

앞에서도 언급한 바와 같이 x^2-1이란 현존은 $x+1$과 $x-1$의 곱으로 분석됨에 의해 정체를 드러낸다. 즉 x^2-1은 $x+1$과 $x-1$과 곱하기라는 세 요소에 의해 결정된다. 그러나 생명현상은 이와 같은 가역성을 지니지는 않는다.

유인원에 인간만이 갖는 고유한 여러 특성을 더한다고 해서 저절로 인간이 되지는 않는다는 것이 베르그송의 생각이었다. 베르그송은 무기물에만 적용시켜야 할 환원적 사고방식을 생명현상에 적용시키면 그것이 생명에 대한 몰이해에 귀결된다고 말한다.

생명현상의 특성은 불가예측성과 다채로움 그리고 생생함이다. 그러나 여기에 대한 지적 포착은 생명현상을 무미건조하게 만든다. 이것은 마치 우리의 상상력과 언어의 관계 혹은 역동적 정신과 문자와의 관계와 같다. 우리는 언어를 바라보며 그 언어가 표상하는 원래의 관념이 거기에 있다고 생각하고, 문자를 바라보며 그 문자에 고착된 우리의 정신이 거기에 깃들어 있다고 생각한다. "방금 죽은 시체가 생명을 위장한다."

베르그송

베르그송

우리는 모두 플라톤주의자로 태어난다

We are all innate Platonists

모든 사람이 플라톤주의자라는 베르그송의 생각은 다음 몇 가지 동기에 기초한다. 먼저 우리는 생물학적으로 사물을 입체적으로 파악하도록 운명 지워져 있다. 우리의 시지각은 엄밀히 말하면 입체를 보지 못한다. 우리의 시지각은 회절하지 못한다. 따라서 우리는 사물의 이면을 보지 못한다. 우리의 시지각은 세계 전체를 연속된 이차원적 평면으로 인식한다.

우리가 사물을 입체로 파악하는 동기는 우리 자신의 상상력과 사회적 훈련에 의한다. 우리는 사물을 여러 측면에서 바라본 경험을 기억 속에 누적시킨 다음 그것을 종합하여 특정한 사물에 삼차원적 입체성을 부여한다. 이때 이것은 하나의 개념, 하나의 언어로 재탄생하게 된다. 이러한 개념 형성의 첫 단계는 아마도 우리가 무엇인가를 손가락으로 가리킴으로써 시작될 것이다. 연속된 평면에서 무엇인가를 가리킨다는 것은 그 대상만을 지목한다는 것을 의미하고, 이 행위는 동시에 특정한 사물을 그 사물이 속한 세계에서 추출하여 입체성을 부여한다는 것이기 때문이다.

그러나 이러한 개념 형성은 인식론적인 견지에서 바라보았을 때

처음부터 문제를 안고 있다. 만약 경험론적 인식론이 옳다면-사실 이것을 반박할 수는 없는 바-존재란 곧 피인식이다. 다시 말하면 어떤 대상은 그것이 인식되지 않는 순간에도 계속 존재하고 있다고 주장할 만한 근거가 없다. 우리가 어떤 사물의 한 측면을 바라보면서 동시에 그 사물의 다른 측면을 보았을 때의 기억을 합성한다고 하자. 그러나 기억은 사물의 실존에 대한 어떤 보증도 되지 못한다. 따라서 어떤 사물의 항상성을 전제로 하는 개념은 인식론적 정당성을 확보하지 못한다. 기억은 항상적인 것이 아니기 때문이다.

그러므로 사물에 대한 개념의 형성은 일련의 자의적인 체계이다. 즉 개념 자체가 기의signified 체계인 것이다. 이 기의 체계는 다른 기의 체계가 그렇듯 하나의 관습이다. 물론 이러한 관습에 우리가 쉽게 동의하는 이유는 우리 스스로가 사물을 입체적으로 파악하기 쉬운 생물학적 동기를 가지기 때문이다. 우리의 눈은 평면에 대해서도 매우 협소한 각도밖에는 인식하지 못한다. 인간의 눈은 다른 동물의 눈과 비교하였을 때 특징적으로 정면을 향하며 시야가 겹치는 부분이 넓다. 이 겹치는 부분에서 양쪽 눈의 시지각의 비교가 일어나게 되고, 다른 각도에서 바라본 사물의 인식이 종합된다. 물론 사물을 흘끗 바라볼 때 우리는 여전히 사물을 면으로 파악한다. 그러나 하나의 사물을 면밀히 주시할 경우 거기에서는 입체가 탄생하게 된다. 다른 포유

류나 곤충의 눈은 인간의 눈보다 훨씬 넓은 면적을 본다. 그러나 한 곳을 꾸준히 주시하기에는 불리하다. 시지각이 넓게 흩어지며 두 눈의 겹치는 각도가 매우 협소하기 때문이다.

인간의 눈은 면적을 희생시키며 입체를 얻는다. 물론 생물학적 특징은 정신적 힘과 병행되었을 때만 의미가 있다. 앞에서도 말한 바와 같이 인간으로의 진화는 수학적 지성의 발현과 맥을 같이한다. 인간은 사물을 있는 그대로 바라보는 대신 거기에서 기하학적 형상을 추출하기 위한 시도를 한다. 눈과 지성이 함께 작동했을 때 비로소 개념, 즉 입체가 얻어지는 것이다.

플라톤은 이렇게 결과로써 얻어지는 개념을 세계의 원인으로 파악했다는 점에서 선험적 관념론자가 된다. 인간은 하나의 시스템 속에서 안일해진다. 시스템의 좋은 점은 우리로 하여금 매순간 새롭게 파악하고 새롭게 생각할 수고를 덜어준다는 사실에 있다. 마찬가지로 우리가 세계를 고형화된 사물의 개념적 집합으로 분석해놓으면 우리는 사물에 대해 끊임없이 생각해야 하는 수고를 덜 수 있다. 바로 이러한 동기에서 수학은 학문의 왕이 되었다. 우리는 수학적 정의와 명제의 집합을 제시하고는 "그것이 세계이다"라고 말한다. 세계는 수학에 준해야 한다. 이때 우리는 세계에 대해 고민할 필요가 없다. 거기에 이미 선험적이고 고형화된 세계가 존재하고 있고 실재하는 세계는 그 틀에 맞아야 한다.

베르그송은 "그러나 그 틀은 생명을 수용하기에는 너무 좁고 딱딱하다"고 말한다. 개념은 생명에게서 무엇인가를 박탈함으로써 얻어진 것이다. 그것은 생명의 한 국면, 하나의 유출물이다. 유출물이 전체를 포괄할 수는 없다. 부분이 전체를 포괄할 수는 없기 때문이다.

우리의 생물학적 특징, 우리의 안일함은 우리를 플라톤주의자로 만든다. 물론 지성이 무의미하거나 쓸모없다는 것은 아니다. 우리는 공간상에 우리의 지성을 던져놓고는 거기에 맞추어 우리의 물질을 구성해 나간다. 이것이 설계도이다. 베르그송이 말하는 것은 단지 지성만으로는 충분하지 않다는 것이다. 우리 모두는 플라톤주의자로 태어난다. 우리 모두는 수학자이다. 그러나 이것으로 우리 삶이 충족되지는 않는다.

아포리즘 철학

생명은 공감과 일치이다

Life is the sympathy and coincidence

지성이 생명현상을 이해하기에 부적절하다면 과연 생명을 포착할 수 있는 것은 무엇인가? 베르그송은 지성이 사물의 외부에서부터 다가가 그것을 쪼개 들어간다고 말한다. 이것은 우리 지성의 가장 커다란 특징인 분석적 역량에 대한 이야기이다. 우리의 지성은 미지의 사물 주위를 선회한다. 그러고는 대상물을 가능한 최소한의 단위로 분석한다. 이러한 과정을 계속하여 가장 극단에까지 이르렀을 때, 즉 단순자들로 분해되었을 때 지성의 작업은 종결된다.

예를 들어 x^3-x^2+x-1이라는 미지의 정식이 있다고 하자. 지성은 이것을 먼저 $(x^2+1)(x-1)$로 파악한다. 즉 x^2+1과 $x-1$이라는 인수로 분해한다. 그러나 x^2+1은 아직 단순자가 아니다. 그것은 $(x+i)(x-i)$로 분석된다. 이때 분석의 과정이 끝난다. 즉 $x^3-x^2+x-1=(x^2+1)(x-1)=(x+i)(x-i)(x-1)$이 된다. x^3-x^2+x-1은 $x+i, x-i, x-1$의 인수로 분해된다.

이것이 지성이 사물을 파악하는 양식이다. 어떤 개인을 파악하는 데 있어서도 우리의 지성은 같은 양식으로 작동한다. 지성은 그 사람의 직업, 옷, 언어, 신발, 나이, 재산 등의 외연적인 요소들로 그 개인을 분석한다. 이때 우리는 수학의 정식과 인간의 분석에 있어서 둘 사이에 커다란 차이가 있다는 사실을 발견한다. 정식은 분석을 통해 그 면면을 파악할 수 있지만 인간은 거기에 아무리 많은 분석을 가해도 무엇인가 미지의 사실이 남는다. 인간은 수학의 정식이나 무기물과는 다르다. 지성은 인간을 분석하는 데 있어 유효한 도구가 아니다. 인간은 이해의 대상이지 분석의 대상이 아니다. 더구나 생명현상은 아무리 세밀한 분석으로도 채 분석되지 않는 어떤 요소를 지닌다.

베르그송은 직관intuition이라는 새로운 인식도구로 지성을 대체할 것을 권한다. 직관은 지성을 배제하지 않는다. 베르그송은 생명현상을 이해하는 데 있어 그 도구가 지성과 배치된다고 주장하지 않는다. 그는 다만 지성을 포괄하고 그것을 초월할 것을 권하고 있다. 진실이 지성 가운데 있지 않은 것은 확실하다. 그러나 진실이 지성과 배치되는 것 또한 아니다. 직관은 분석이 아니라 틈입闖入이며 공감이며 일치이다. 지성이 인식 대상을 인식의 그물로 포착하려 시도하는 데 반해, 다시 말해 지성이 대상의 밖에서 안으로 쪼개 나갈 때 직관은 순식간에 날카롭게 대상의 가장 깊은 곳으로 스며 스스로를 대상에 일치시킨 다음, 안에서 밖으로 인식을 확장시켜 나온다.

이렇게 되어 인식과 대상은 하나가 된다. 그러므로 생명현상에 대한 이해는 공감과 일치를 전제로 한다. 그것은 이해가 아니라 느낌이다. 이러한 종류의 인식은 확실히 지성보다는 본능을 닮는다. 그러나 본능은 하나의 인식기제로는 무의미하다. 왜냐하면 그것은 세계 그 자체와 하나이기 때문에 이해를 요구하지 않기 때문이다. 본능에게 있어 세계와 존재의 이유는 그것 자체이기 때문에 당연한 것이다. 이해를 구하는 것은 세계에 대한 소외에서 출발하는 지성이다. 그러나 지성은 그것이 지닌 고형성과 무기물적 성격 때문에 생명을 이해할 수 없다.

여기에서 우리는 애매한 상황에 처한 우리 자신을 발견한다. 본능은 구할 수 있으나 구하지 않고, 지성은 구하지만 구할 수 없다. 그러므로 베르그송이 말하는 직관은 본능과 지성의 방법론적인 통합이다. 본능에서는 생명의 현상을 구하고 지성에서는 이해에의 요구를 캐내야 한다. 이것이 베르그송이 말하는 공감과 일치이다.

마르크스

그들은 하늘에서 시작해서 땅 위로 내려오지만 우리는 땅 위에서 시작해서 하늘로 올라간다

They from sky to earth, we from earth to sky

마르크스Karl Heinrich Marx (1818~1883)

독일 출신의 철학자, 경제학자, 사회학자. 그는 다윈과 더불어 근대 말의 환원주의적 탐구양식의 절정에 이른다. 특히 혁명적 사회주의자로서 그의 자본주의 분석서인 《자본론(Das Kapital)》과 《공산당 선언(Manifest der Kommunistischen Partei)》은 그 이후의 세계에 엄청난 영향을 미치게 되고 그의 이념에 따라 볼셰비키 혁명이 발생하며 중국 공산당이 성립된다. 마르크시즘이라고 알려진 그의 이론은 모든 사회는 계급투쟁을 통해서 전개되어가며, 그것은 생산을 주도하는 유산계급과 노동력을 제공하는 하위 계급간의 투쟁에 의해 드러나게 된다. 그는 자본주의가 단지 그 지배계급인 부르주아만을 위해 봉사하는 경제체제이며 이것은 내적 모순 때문에 자멸하고 프롤레타리아 독재에 이르게 된다고 예언하였다.

철학에서 영국 경험론자들이 하고, 생물학 분야에서 다윈이 해낸 일을 정치경제학에서는 마르크스가 수행하게 된다. 버클리나 흄이 인식론상에서 일으킨 혁명의 가장 중요한 요소는 개념이 선험적 성격을 가지기보다는 우리의 경험이 누적된 습관에 의해 형성되었다고 주장한 데 있었다. 결국 우리의 과학은 사회적 관습에서 비롯된 것이며 사회적 기의 체계일 뿐이었다.

마찬가지로 다윈은 생명현상에 대하여 종 그 자체로 창조되었다고 보기보다는 진화라는 과정을 통한 생물적 체계의 변화 도상의 한 국면으로 본다. 다윈이 부정한 것은 종의 고정성과 확정성이었다. 이것은 경험론자들이 개념의 선험성을 부정한 것에 일치하는 생물학적 대응 이론이다.

만약 우리가 철학적 관념론을 믿는다면 세계는 이미 확정된 것이며 우리의 현존은 그 천상적 체계의 지상적 변주에 지나지 않게 된다. 이것이 이를테면 유비론the doctrine of analogy이다. 우리 모두는 개념의 정해진 틀에 대한 하나의 변주인 것이다. 반대로 우리가 경험론을 믿는다면 세계의 확정성과 고정성은 없으며 따라서 신성불가침한 천상적 세계에 대응하는 지상적 의무도 소멸하게 된다. 지상세계는 온전히 인간에게 맡겨지게 된다.

이때 우리의 학문, 우리의 예술, 우리의 사회는 단지 우리의 동의의 문제에 처하게 된다. 모든 것은 관습의 문제이기 때문이다. 습관은 제2의 천성이 아니라 제1의 속성이 된다. 마르크스는 이러한 지상적 삶의 동의 체계를 상부구조라 부른다. 그의 견해에 따르면 이러한 상부구조는 생산관계라는 하부구조에 의해 결정된다. 즉 재화의 생산양식이 거기에 준하는 사회 시스템을 정하는 것이다. 이것이 그가 말하는 "지상에서 하늘로"이다.

마르크스는 사회현상에 대한 자신의 고찰이 다윈이 주장하는 생물적 체계와 같다는 사실을 인식하고 있었다. 그가 《자본론Das Kapital》제1권을 다윈에게 헌정한 것은 이런 동기에서 비롯된다. 19세기 이래 일반적인 철학적 견해 역시도 경험론을 인정하는 방향에서 출발하게 된다. 20세기에 들어 크게 유행하는 기호학은 기호의 기표와 기의의 결합이 자의적인 것이라고 말함으로써 사실상 마르크스에 동의한다. 그러나 동시에 대부분의 기호학자들은 기의 체계의 자의성은 상대적이라고, 다시 말하면 우리의 체계는 강제적인 측면이 있다고 말한다. 만약 그 자의성을 자구字句대로 받아들일 경우 사회적 시스템은 곧장 무정부주의로 향하기 때문이다.

하나의 인식론으로써의 경험론이나 생물학적 가설로써의 다위니즘, 그리고 상부구조에 관한 마르크시즘의 문제점은 궁극적으로 무정부주의로 이르게 된다는 사실이다. 이 경우 사회의 통합은 불가능해진다. 경험은 개인 고유의 문제이고 경험에 대한 해석과 그 종합 역시도 개인적인 것이다. 여기에 어떠한 선험적 기준도 없다고 한다면 '개별자만이 존재한다'는 중세 유명론자들의 견해를 자구대로 수용하는 것이 되며 이 경우 사회조직 자체가 불가능해진다. 사회를 지탱하는 시스템은 그 종류를 막론하고 개별자의 일부를 배제할 것을 요구하기 때문이다. 법은 이를테면 개별자들이 자기의 자연권을 양도함에 의해서 성립된다. 만약 법이 완전히 자의적인 것이라고 가정한다면 우리는 극단적인 마키아벨리즘에 이르게 된다. 이 경우 삶과 세계는 끊임없는 소요에 처하고 불안과 동요가 우리의 모든 것을 집어삼킨다.

한 단어는 불일치에 근거한다

A word is based on the discordance

소쉬르 Ferdinand de Saussure (1857~1913) ────────────

스위스 출신의 언어학자로 그의 새로운 일반 언어학은 20세기 언어학에 혁명을 일으켰다. 소쉬르 이후
로는 언어학이 인문학에서 가장 중요한 분야가 된다. 그의 공헌으로 언어는 더 이상 사물의 기존 질서에
덧붙여진 소통의 요구가 아니라, 오히려 우리 사회의 관계에 대한 포괄적인 소산으로 밝혀지게 된다.
그의 언어학은 20세기의 철학, 심리학, 사회학, 인류학 등에 결정적 영향을 미친다.

사물에 대응하는 기호로서의 언어라는 개념은 전통적인 실재론의 언어관이었다. 전통적인 언어학은 개별적 사물에 대응하는 개별적 언어에 대해 말해왔다. 언어는 사물에 대응하는 어떤 것이 아니라 청각영상과 개념 간의 일종의 계약행위라고 말함으로써 소쉬르는 언어학에서뿐만 아니라 현대의 형이상학과 사회학적 이념에 혁명을 불러들인다.

소쉬르는 먼저 기표signifier와 기의signified를 명확히 구분 짓는다. 기표는 이를테면 청각영상이고 기의는 개념이다. 중요한 것은 이 두 개 중 어느 것도 먼저 서로에게 대응해서 만들어진 것은 아니라는 사실이다. 기표와 기의는 서로 간의 조합이 없으면 의미를 잃는 것으로, 기표는 소리의 무더기의 분절에 의해, 기의는 사유의 무더기의 분절에 의해 서로가 대응할 준비가 된다. 이때 서로 간의 대응은 자의적 arbitrary인 것이다.

기표와 기의의 결합이 자의적이라는 사실은 기표는 소리의 세계에서, 기의는 사유의 세계에서 옆의 동료들과의 차이와 대립에 의해서만 각각 존재 의의를 획득한다는 사실과 같은 것을 말한다. 즉 자의적이라는 말과 차연difference적이라는 말은 한 쌍의 상관적 특징에 대해 말하는 것이다. 하나의 청각영상이 다른 어떤 청각영상들에 비해 자기가 기존에 대응하던 개념을 좀 더 잘 나타내준다는 보증이 없는 한-그러한 보증은 사실 없는 바-그 청각영상은 오로지 차연에 의해서만 유의미를 가진다는 사실은 선험적으로 분명하다. 이것은 기의에 있어서도 마찬가지이다. 개념 역시 옆의 대립되는 개념과의 차연만으로 의의를 갖는다.

이러한 언어학은 당연히 공시 언어학synchronic linguistics이 된다. 반면에 통시 언어학은 언어의 문제를 환원적으로 다룬다. 왜냐하면 하나의 단어가 하나의 사물을 본떠서 존재한다고 믿는 한, 다시 말하면 언어가 개념에 조응한다고 믿는 한, 실재reality는 언어 이전에 존재하는 것이기 때문이다. 즉 전통적인 언어학은 개념이 있고 청각영상이 거기에 준하게 되는 계약행위가 역사의 원초적인 어느 시기엔가 있었다고 믿는다. 그러나 우리는 그러한 계약행위를 생각해볼 수는 있으나 확인할 수는 없다. 또한 그러한 계약행위에 대한 확인이 언어를 연구하는 데 필수적인 것도 아니다. 오히려 우리가 탐구해야 하는 것은 이미 형성된-이미 계약관계를 맺고 있는-고유 언어의 형성 요인과 작동 요인이다. 계약은 사물에 준하는 형식으로가 아니라 청각영상과 개념이 각각의 시스템으로 성립된 형식에 준한다.

언어행위는 언제나 일정하게 고정된 사회적 언어, 즉 랑그langue에서 행해지게 되는 바, 어떤 특정한 시기의 랑그에 대해 알기 위해 거기에 이르는 변화과정을 반드시 탐구해야 하는 것은 아니다. 이것은 이를테면 체스게임과 마찬가지이다. 체스가 진행되는 현재의 국면은 앞의 국면에서 해방되어 있다는 특징을 가진다. 체스의 한 국면을 이해하기 위해 그 시점까지 게임이 전개된 과정을 전부 알 필요는 없다. 훈수꾼이 가능한 이유는 여기에 있다.

마찬가지로 우리가 현재 사용하고 있는 언어를 이해하기 위해 언어가 지금까지 거쳐온 변화를 반드시 이해해야 할 필요는 없다. 이것이 통시 언어학diachronic linguistics의 무의미와 공시 언어학, 즉 구조주의 언어학의 유의미를 말한다.

소쉬르의 언어학에서 그의 차연의 개념과 관련하여 중요한 하나의 개념은 의미와 가치의 구분이다. 하나의 낱말은 먼저 교환가치를 가진다. 이때 낱말의 교환은 낱말의 내재적 의미에 대해 말하는 것이다. 이것은 우리가 주화를 생각하면 금방 알 수 있다. 예를 들어 500원짜리 주화는 거기에 대응하는 물건과 교환될 수 있다. 500원어치의 과자와 교환한다고 가정해보자. 이때 500원짜리 주화의 의미는 일정량의 과자이다. 하지만 그렇다고 500원짜리 주화의 가치가 정해진 것은 아니다. 그것의 가치는 아직 미정이다. 우리는 100원, 1000원 등의 주화와 비교해서 500원의 가치를 알아낸다. 이것은 500원의 외재적 가치이다.

어떤 학생의 수학 점수가 90점이라고 하자. 우리는 이 학생의 고득점을 먼저 칭찬한 다음, 정작 궁금한 것을 묻는다. 그 점수가 반에서 몇 등이냐고. 만약 그 점수가 중간에 속한다고 한다면 그때서야 우리는 그 학생의 수학실력에 가치를 매길 수 있으며 따라서 90점의 궁극적인 의미가 정해진다. 의미는 가치에 종속된다.

하나의 낱말은 그와 상이한 다른 내용, 즉 의미와 교환될 수 있고, 다음으로 그와 유사한 다른 낱말들-위의 경우에는 다른 학생들의 수학 점수-과 비교될 수 있다. 결국 모든 것의 의미는 상이한 것들과 유사한 것들 모두에 의해 결정되게 된다. 이때의 비교는 차연에 기초한다. 수학 점수가 중요한 것이 아니라 등수가 중요하며 이것은 다른 학생의 점수와의 차연에 의해 결정된다.

모든 규약적 가치는 그 가치의 바탕을 이루는 구체적 요소로부터는 해방되어 있다. 주화는 금속의 문제가 아니다. 주화의 가치는 거기에 무엇이 쓰여 있는가에 따라 결정되며 이것 역시도 다른 주화들과의 차연에 의해 결정된다.

결국 소쉬르의 언어학은 두 가지 점에서 중요하다. 하나는 우리의 문화구조물에 대한 연구가 공시적인 것이 되어야 한다는 점을 밝힘에 의해, 다른 하나는 그것이 차연에 의해 구조적으로 작동한다는 사실을 밝힘에 의해. 새로운 언어학은 매우 혁신적인 것이었으며 동시에 매우 현대적인 것이었다.

비트겐슈타인

세계는 사물의 총체가 아니라 사건의 총체이다

The world is the totality not of things but of facts

비트겐슈타인Ludwig Josef Johan Wittgenstein (1889~1951) ─────────────

오스트리아 출신의 영국 철학자. 논리학, 수리철학, 언어철학 등에 지대한 업적을 세웠다. 그는 명제가 곧 세계라고 생각했으며 명제에 대한 논리적 분석이 철학이 해야 할 모든 일이라고 생각했다. 후반기에 는 언어에 게임이론을 도입한다. 이것은 기의의 자의성에 대한 소쉬르의 생각과 같은 것이다.

위의 언급은 비트겐슈타인의 저서《논리 철학 논고Tractatus Logico-Philosophicus》의 첫머리에 나온다. 이 명제는 비트겐슈타인 철학의 성격을 가장 간결하게 말해주며 동시에 흄 이래 해체되어온 인식론이 어떻게 통합될 수 있는가를 보여준다.

비트겐슈타인은 이 명제를 통해 스스로가 중세의 유명론으로부터 시작된 경험론적 흐름에 입각하고 있음을 밝히면서 동시에 실증주의의 귀결이 어떠해야 하는가를 이야기하고 있다. 만약 세계를 사물의 총체로서 파악한다면 세계는 우리로부터 독립한 것이 된다. 사물의 총체라는 것은 존재being를 의미한다. 존재는 우리의 인식으로부터 독립해 있다. 플라톤으로부터 시작된 실재론적 철학은 세계를 존재로서 포착했다. 거기에 객관적이고 독립적인 세계가 있으며, 우리는 지혜로써 그 본질을 포착할 수 있다는 것이 플라톤의 인식론이었다.

세계를 사물의 총체로 파악할 경우 세계는 선험적이며 우리의 운명은 필연적인 것이 된다. 왜냐하면 존재는 스스로에 내재한 동기에 의해 존립하며 따라서 존재한다는 사실에 그 존재 양태가 이미 포함되기 때문이다. 예를 들어 하나의 행성-금성과 같은-이 하나의 존재라고 가정하자. 만약 이것이 우리로부터 독립하여 스스로 존재한다면 그것은 스스로에 내재한 속성을 지니고서 운행을 한다. 이때 우리는 그 운동을 가능하게 하는 금성에 내재된 엔텔레케이아를 동시에 가정해야 한다. 그것은 스스로에 내재한 운동의 동기에 의해 태양을 돈다. 이 경우 우리는 현재 금성의 운동을 가정하게 하는 외적 동기, 즉 힘보다는 금성 스스로의 목적인을 생각해야 하는데, 이것은 현대의 물리학에 전혀 들어맞지 않는다.

어떤 방을 묘사한다고 하자. 대상을 사물의 총체로 파악할 경우 방은 책상, 의자, 침대, PC, 커튼, 이불 등으로 묘사될 것이다. 그러나 방을 이렇게 묘사하는 것은 우리가 대상을 파악하는 일반적인 양식이 아니다. 이러한 사물의 묘사를 통해 우리가 방에 대해 아는 것에는 한계가 있다.

방에 대한 다른 종류의 묘사에 대해 생각해보자. 남쪽 벽에 책상이 있고, 거기에 의자가 있고, 책상 위에 PC가 있다. 반대편에는 북쪽을 향해 난 창문이 있다. 창문 밑에 침대가 있다…. 이와 같은 방식으로 방을 묘사한다면 우리는 그 방에 대해 훨씬 더 자세하고 구체적인 사실을 알게 된다. 우리는 방에 대해 포착하듯이 세계를 포착한다.

우리는 어떤 존재의 나열로 세계를 이해하는 것이 아니라 존재의 존립양태의 묘사로써 세계를 파악한다. 우리는 존재가 무엇인지 모른다. 누가 소립자에 대해 아는가? 그러나 우리는 그 대상이 어떤 양태이고 어떻게 작용하고 있는지를 안다. 다시 말하면 세계는 내가 인식하는 바에 준하는 것이지 나열된 존재에 준하는 것이 아니다. 거기에 존재가 있을 수도 있다. 어쩌면 우리가 모를 뿐이지 거기에는 휘황찬란한 존재의 도열이 우리에 앞서 존재하고 있을지도 모른다. 그러나 이것이 우리에게 포착되지 않는다면, 적어도 우리의 과학에서는 아무런 의미가 없다. 세계는 우리의 인식 외에 아무것도 아니기 때문이다. 따라서 세계란 없고 기술되는 세계described world만이 있을 뿐이다. 기호학자 움베르토 에코는 "기호학은 모든 거짓에 관한 학문이다"라고 말한다. 물론 그가 여기에서 참과 거짓에 대한 명확한 정의를 내렸으면 더 좋았을 뻔했다. 에코는 아마도 선험적인 존재를 참이라고 가정한 듯하다. 이 경우 푸코의 말은 전적으로 옳다. 우리의 인식은 세계의 참에 대해 말하지 않는다. 우리의 인식은 단지 우리가 아는 세계에 대해 말할 뿐이다.

세계가 우연인 것은 세계가 사실의 총체인 것과 같다. 우리는 세계를 '우연히' 그렇게 파악한다. 여기에는 어떠한 종류의 필연성도 없다. 만약 본질essence이 없고 우리의 인식만 있다면 세계는 항상 변화의 가능성에 노출된다. 과학이 혁명에 의해 프톨레마이오스에서 코페르니쿠스로, 코페르니쿠스에서 다시 아인슈타인으로 변화해온 것은 세계가 존재의 총체가 아니라 사실의 총체이기 때문이다. 이러한 새로운 사실의 집합이 어떻게 과거 사실의 집합을 대체하는가에 대해서는 알려진 바가 없다. 이 점과 관련하며 기의 체계는 전적으로 우연적이며 자의적이다. 과학이 겪는 혁명은 선험적인 동기에 의하지 않는다.

따라서 비트겐슈타인의 윤리학은 '우연적 세계'로부터 나오게 된다. 세계가 우연이라면 우리의 운명은 결정론에 지배 받는다. 하지만 세계가 사물의 총체라면 각각의 사물들은 그 원형에서 유출된 것이다. 태초에 이데아가 있고 현존은 거기에서 나왔다고 가정되기 때문이다. 현존의 이유는 이렇게 간단히 해명된다. 우리가 이데아에 준해 살고자 애쓰면 거기에 따라 우리의 운명은 좋은 것이 된다. 존재의 총체로서의 세계는 이해되는 세계이며 최초의 동기가 유출되는 세계이다.

만약 세계가 사실의 총체에 지나지 않는다면 우리의 존재 이유는 세계에 대한 우리의 해석이 자의적인 것처럼 자의적인 것이 된다. 우리의 운명에 대해 우리가 할 수 있는 것은 없다. 이때 우리의 윤리학은 행동의 지침을 잃는다. 우리가 이해할 수 없고 그렇기 때문에 우리가 어떻게 해볼 수 없는 세계는 우리의 운명이 이미 결정되어 있는 세계이다. 우리는 목적을 향해 운동하기보다는 운동을 위해 운동하게 된다. 이것이 현대의 윤리학이다.

따라서 현대의 윤리학은 존재론적이라기보다는 실존적인 것이 된다. 우리는 행위의 매순간에 관심을 기울인다. 거기에 행위가 단계적으로 상승해가는 과거의 윤리학은 소멸된다. 우리는 살기 위해 살고, 행동하기 위해 행동할 뿐이다.

우리는 더 이상 존재물들에 둘러싸여 있지 않다. 우리는 우리 인식의 막에 둘러싸여 있다. 우리가 아는 것은 단지 이 인식의 스크린일 뿐이다. 우리의 학문은 결국 우리의 얼굴인 것이다.

비트겐슈타인

단순자는 알 수 없다
We cannot know the simples

비트겐슈타인이 세계를 사실의 총체로 파악할 때 그의 사실은 이를테면 과학적 언급, 즉 과학 명제를 의미한다. 세계란 이 과학 명제의 총체 이외에 아무것도 아니다. 여기서 비트겐슈타인이 해결해야 할 문제는 이러한 명제가 어떻게 세계를 대치할 수 있느냐, 다시 말하면 이 명제의 총체가 어떻게 세계를 해명하느냐이다. 비트겐슈타인은 이것을 "명제가 어떻게 세계에 닿느냐"라고 표현한다.

두 개의 세계가 있다. 하나의 세계는 명제의 세계이다. 이 세계는 우리가 전통적으로 믿어오던 실재로서의 세계를 거울처럼 반사한다고 믿어지고 있다. 물론 우리가 보는 것은 세계가 아니다. 거울이다. 세계는 과거의 철학적 세계에 속하고 거울은 비트겐슈타인의 새로운 철학 세계에 속한다. 문제는 거울과 세계가 어떻게 관계를 맺는가이다. 다시 말하면 현재와 과거가 어떻게 조화될 수 있는가이다. 명제는 세계에 대한 투명성을 견지하고 있다. 그러나 우리는 이 투명성과 세계의 질료가 어떻게 서로 연관되는가를 알고자 한다. 우리가 볼 수 있는 것이 비록 거울밖에 없을지라도 우리는 그 거울이 세계를 반영하고 있다고 믿는다.

우리의 명제는 세계로부터 멀리 떨어져 있다. 우리의 감각인식은 명제로 종합되는 바, 단순 감각과 복합명제는 아주 먼 거리상에 위치하기 때문이다. 비트겐슈타인은 우리가 일상적으로 접하는 명제는 모두 '복합명제composite proposition'라고 말한다.

예를 들면 '오렌지는 노란색이고, 사과는 붉은색이다'라는 명제를 생각해보자. 이 명제는 일단 '오렌지는 노란색이다'라는 명제와 '사과는 붉은색이다'라는 두 개의 명제가 합쳐진 것이다. 이때 '오렌지는 노란색이다'라는 명제는 다시 '오렌지는 무엇이며'와 '노란색은 무엇이다'라는 명제로 분석된다. 이러한 분석은 더 이상 분석이 불가능한 가장 단순한 명제에서 멈춘다고 가정된다. 이때의 명제들을 비트겐슈타인은 '요소명제elementary proposition'라고 부른다. 요소명제는 이름name으로 구성되는 바, 이 이름 역시도 더 이상 분석이 불가능한 가장 단순한 사물thing이다.

여기서 중요한 것은 이러한 분석은 단지 논리적일 뿐, 실제적인 것은 아니라는 사실이다. 이것은 일종의 가상현실이다. 그러나 명제가 세계와 닿는다는 전제가 아니라면 명제가 세계의 거울일 수 없다. 이것은 일종의 서류상의 보장인 셈이다.

하나의 분석을 예로 들어보자. 만약 어떤 특정한 물질에 대해 끝없는 분석을 하면 먼저 그 물질을 구성하는 분자에 닿고, 분자는 다시

원자에 닿고, 원자는 결국 아원자에 닿는다. 우리는 최초의 단순자-이 경우 소립자-에 닿기 위한 노력을 계속한다. 이것이 입자가속기가 가동되는 이유이다. 우리는 유물론적 신념을 가지고 최초의 어떤 물질인가가 현존의 모든 원인일 것이라는 암묵적 가정을 한다.

문제는 그러한 단순자-비트겐슈타인 철학에 있어서는 '이름'-의 예를 단 하나도 제시할 수 없다는 사실이다. 우리는 현재도 아원자를 쪼개보지만 거기에 어떤 굳건한 단순자가 있다는 보증은 없다. 어쩌면 우리는 아원자의 요소들을 발견할 수 있을지 모른다. 그러나 우리의 분석은 거기에서 멈추지 않을 것이다. 우리는 계속 분석할 것이다. 그러므로 단순자는 단지 하나의 전제이지 실존이 아니다.

사실이 이와 같으므로 단순자에서부터 현존을 쌓아 올릴 수는 없다. 비트겐슈타인은 복합명제의 단순자를 '이름'이라 말하고, 세계의 단순자를 '대상object'이라고 말한다. 비트겐슈타인은 이름과 대상은 서로 닿는다고 말한다. 그러나 이 '닿는다'는 말은 은유적이다. 닿는다는 사실은 기껏해야 우리 마음속에서 일어나는 믿음의 과정 속에 있다. 실제적으로 그렇다는 것을 보장할 근거는 어디에도 없다. 따라서 세계가 대상에서부터 쌓아 올려진 것이라는 사실은 우리 마음속에서 일어나는 과정이다. 마찬가지로 언어에 있어서도 명제가 이름으로부터 쌓아 올려진 것이라는 사실은 단지 논리학상의 문제일

아포리즘 철학

뿐이다. 비트겐슈타인이 말한 "모든 철학은 결국 논리학으로 수렴될 뿐"이라는 이야기는 이 사실을 지적하고 있는 것이다.

여기에서 요청demand의 문제가 제기된다. 단지 명제의 총체가 존재할 뿐이다. 우리가 아는 세계는 그것이다. 우리가 세계를 이해하는 것은 세계를 더듬어서가 아니라 명제를 바라봄에 의한다. 우리가 시리우스 성단이나 푼타아레나스라는 도시에 대해 아는 것은 그것을 직접 더듬어서가 아니라 명제가 '말'하기 때문이다. 우리는 태어나는 순간부터 이 명제의 세계에 속하게 된다. 우리는 이 세계를 선택할 수 없다. 이런 의미에서 이 세계는 선험적인 세계이다. 이 세계는 단순자에서부터 쌓아 올려질 수 없다.

기하학적 예증을 들어보자. 한쪽엔 공준의 집합이 있고 반대편엔 정리theorem의 집합이 있다. 공준은 왼쪽에 있고 정리는 오른쪽에 있다고 가정하자. 예를 들어 '삼각형의 내각의 합은 2R이다'라는 정리에 대해 생각해보자. 우리는 이 정리가 당연히 공준으로 수렴될 거라고 생각한다. 이 수렴의 과정을 우리는 일반적으로 '증명'이라고 부른다.

이 경우에는 '동위각은 같다'와 '엇각은 같다'는 두 개의 정리에 의해 증명된다. 다음으로 우리는 '동위각은 같다'는 명제와 '엇각은 같다'는 명제를 새롭게 증명하기를 원한다. 이처럼 계속되는 증명의 과정은 결국 공준에서 끝나게 된다. 유클리드 기하학에 있어서의 단순자는 다섯 개의 공준인 것이다. 모든 정리는 이 공준의 조합에서 나오게 된다. 정리의 세계는 대단히 복잡하다. 거기에는 피타고라스의 정리라든지 아폴로니우스의 정리 등이 있다. 우리는 이러한 정리가 앞으로도 더욱 많이 발견될 거라고 기대한다.

　문제는 공준의 세계에서 발생한다. 우리는 공준을 증명할 수 없다. '두 점 사이에는 직선을 그을 수 있다'거나 '모든 직각은 서로 같다' 등의 공준은 증명 불가능하다. 이것은 소립자를 발견할 수 없는 것과 마찬가지이다. 만약 공준의 참임이 증명 불가능하다면 그것은 무엇에 의해 보증되는가? 이 보증에 대한 태도가 철학의 두 경향을 가른다. 만약 그 공준이 '자명하다'고 말한다면 이것은 합리론적 태도이다. 데카르트는 다음과 같이 말한다. 만약 우리가 우리의 정신을 명석하고 판명하게 유지한다면 그것이 참임을 직관에 의해 안다는 것이다. 이와는 반대로 공준이 참이라는 선험적 근거는 없으며 그것을 참이라고 우리가 인식하는 것은 단지 우리의 경험의 누적과 기억에 의한 것이라고 주장한다면 이쪽은 인식론적 경험론을 지니는 것이다.

　비트겐슈타인을 비롯한 현대의 분석철학가들은 경험론적 입장에 선다. 그러므로 이들에게는 공준이 선험적 참일 수 없다. 이때 만약 우리가 우리의 정리를 모두 공준에 기초한 것이라고 생각한다면 우리의 현존은 완전한 의심에 휩싸이게 된다. 우리는 명제의 세계에 살고 있다. 이를테면 정리는 명제와 같은 것이다. 그것은 우리의 현존이다. 그 기초가 증명 불가능하기 때문에 현존을 믿을 수 없다고 한다면 삶은 불가능해진다. 현대 철학에 있어 가장 중요한 사고의 전환이 바로 이러한 딜레마에서 일어나게 된다.

현존에 먼저 '참'을 부여하고 거기에 맞추어 단순자가 참임을 혹은 단순자의 존재-물질의 경우-를 요청하는 것이다. 우리는 어쨌건 현존을 살고 있다. 우리는 기하학적 정리에 입각하여 교량도 건설하고 건물도 짓는다. 이 세계를 부정할 수는 없다. 이 세계는 살 만한 곳이다. 만약 이 세계가 그럭저럭 작동한다면 거기에 맞추어 단순자가 참임을 믿어야 한다. 그렇지 않으면 현존은 불가능해진다. 만약 현존의 어딘가에서 문제가 발생한다면-이를테면 수성의 근일점 이동과 같은-그때 우리는 그 최소의 단순자들에 대한 의심을 개시하면 된다. 만약 현존에서 계속 문제가 발생하고, 현존을 구성하는 정리와는 종류가 다른 정리의 시스템에 의한 세계가 더 개연적인 것으로 밝혀진다면 그때는 기존의 공준을 버리고 새로운 공준의 체계를 받아들이게 된다. 그러고는 또다시 현존에 맞추어 그 공준들이 참임을 요청하면 된다. 이것이 소위 말하는 패러다임의 변화paradigm shift이다.

우리는 단순자의 존재나 그 참과 거짓을 단순자 자체를 바라보고 결정지을 수 없다. 우리는 단순자의 세계에 살지 않는다. "우리는 따라서 단순자를 알 수 없다." 그것은 단지 현존에 비추어 요청될 뿐이다.

비트겐슈타인

언어의 한계가 세계의 한계이다

The end of the language is the end of the world

우리는 일반적으로 과학이 세계를 본떠 만들어진다고 믿는다. 우리는 실재론적으로 태어나고 실재론적으로 교육받는다. 우리는 과학이 두 가지 양식 중 하나에 따라 형성되었다고 생각한다.

하나는 세계에는 그것을 가능하게 하는 법칙이 숨어 있는 바, 우리 지성은 잘 훈련되었을 경우 그 법칙에 대응한다는 믿음이다. 이때 근대의 합리론자들은 이 법칙이 수학적인 것이라고 생각했다. 우리는 생득적으로 그 법칙을 포착할 수 있다. 이것이 선험성이다.

다른 하나는 우리 감각인식의 누적이 기억을 부르고 그것이 원인과 결과를 묶는 습관에 의해 과학이 구성된다는 믿음이다. 이때 과학은 우리의 경험에 준하게 된다. 경험은 연역적이지 않다. 그것은 귀납추론이다. 귀납추론은 일부의 한정된 경험에 의해 법칙을 구성하기 때문에 언제나 한계가 있다.

비트겐슈타인의 철학은 과학에 대한 고려에 있어 후자의 입장에 선다. 먼저 비트겐슈타인은 우리 경험의 영역을 넘어서는 것에 대해서는 우리가 알 수 없다고 생각한다. 우리에게 생득적 지식은 없다는 것이다. 또한 비트겐슈타인은 과학은 우리 경험의 일반화이므로-그것은 명제로 드러나므로-단지 '우리의 과학'일 뿐이라고 생각한다. 문제는 과학을 구성하는 원칙의 문제에서 드러난다.

만약 과학이 단지 하나의 가설이고 또 그것이 객관적인 사실에 대한 것이 아니라 우연적인 시스템에 지나지 않는다고 할 때 하나의 과학이 우리의 과학이 될 수 있는 동기는 어디에 있느냐이다. 비트겐슈타인은 여기에 대해서는 말하지 않는다. 그는 단지 과학은 오히려 일종의 강제적coercive 성격을 지닌 것이라고 말한다. 그럼에도 불구하고 경험론의 입장에 설 경우 과학이 항구적이고 신성불가침한 원칙에 관한 것이 아니라는 사실을 먼저 강조한다. 그렇다면 다른 과학이 아닌 현재의 과학이 과학이 될 수 있는 동기는 어디에 있는가?

비트겐슈타인은 자기 자신은 단지 논리학자일 뿐이라고 말한다. 우리는 과학을 만들어내지 않는다. 우리는 이미 존재하고 있는 과학적 시스템에 편입될 뿐이다. 이것이 과학적 체계에 상대적 자의성-일종의 강제성-을 준다. 과학이 지닌 내재적 속성에 의해서가 아니라 과학과 우리의 관계에 있어 과학은 선험적인 것으로 작동한다. 여기서 중요한 것은 단지 스스로를 명제라고 주장하는 어떤 언명이 실제로 명제인가 아닌가를 가리는 것이다.

이 점과 관련하여 비트겐슈타인은 역시 칸트의 입장에 선다. 그 명제가 실증적인 사실에 대한 것일 때 그것은 명제로서의 자격을 가진

비트겐슈타인

다. 명제의 첫 번째 요건은 진위 판정에 노출될 수 있는 것이어야 하기 때문이다. 비트겐슈타인은 여기서 한걸음 더 나아간다. 칸트는 우리에게 형이상학이 가능하거나 도덕적 명령이 가능한 것은 우리에게 내재한 어떤 형식에 그것들이 준하기 때문이라고 생각한다. 다시 말하면 우리에게 그것과 관련한 경험이 없다면 우리는 당연히 형이상학적 판단을 하지 못한다. 그러나 거기에 적절한 경험만 주어진다면 우리에게 내재된 형식이 그것을 수용하여 하나의 명령으로서 도덕적 명령, 즉 정언명령을 구성한다는 것이 칸트의《실천이성비판 Kritik der Praktischen Vernunft》의 주요 내용이다.

비트겐슈타인은 이 점과 관련하여 칸트에게 동의하지 않는다. 비트겐슈타인은 경험을 벗어나는 것은 어떠한 것도 명제의 영역 속에 들어오면 안 된다고 생각한다. "과학이 사실을 발견하고 나면 철학이 할 수 있는 것은 없다"고 그는 말한다.

비트겐슈타인이 '언어'라고 말할 때 그것은 명제, 그중에서도 특히 과학명제에 대해 말하는 것이다. "언어의 한계가 세계의 한계"라고 말하는 것은 비실증적인 모든 것을 언어의 세계에서 축출해낼 것임을 말하는 것이다.

그러므로 형이상학이나 신학, 미학, 정치철학 등의 비실증적 학문들은 모두 언어의 세계에서 밀려나며, 따라서 지식체계에서도 밀려나게 된다. 비트겐슈타인은 그것들에 대해 '말해질 수 없는 것 what cannot be said'이라고 이름 붙인다. 그것들은 언어의 한계를 벗어나 있으며 따라서 우리의 지적 탐구의 대상이 아니다.

세계에 대해 언급하는 것이 어떻게 가능한가?

How is it possible to make statements about the world?

칸트에게 있어 가장 중요한 주제는 모두 종합적 선험지식synthetic a priori knowledge을 싸고돈다. 우리의 과학은 종합적 선험지식에 관한 문제이기 때문에 그것이 가능하다면 과학도 가능해지기 때문이다.

칸트의 종합적 선험지식이 비트겐슈타인에게 있어서는 언어, 즉 명제가 된다. 칸트가 종합적 선험지식이 과학을 구성한다고 생각하 듯이 비트겐슈타인은 명제가 과학을 구성한다고 생각한다. 우리의 과학은 세계에 대한 우리의 언급이므로 우리의 언급이 어떻게 세계 를 해명할 수 있는가를 밝히면 명제가 곧 과학이 되는 동기를 설명할 수 있게 된다.

비트겐슈타인은 우리의 언급이 세계에 대한 설명일 수 있는 동기를 그의 유명한 그림이론picture theory를 통해 설명한다. 언어는 하나의 그림이다. 우리의 전통적인 그림은 세계에 대해 재현적representation 특징을 지닌다. 세계에 대한 우리의 설명이 지닌 재현적 측면을 비트 겐슈타인이 먼저 언급한 것은 물론 아니다. 쇼펜하우어 역시도 "세계 는 나의 표상representation"이라고 말한다. 다만 비트겐슈타인의 독창 성은 그가 이 표상을 언어로 보았다는 점에 있다. 그는 우리가 그림을 보고 그 그림의 원형을 이해하듯이, 언어를 보고 그 언어가 묘사하는 세계를 이해한다고 보았다.

세계를 있는 그대로 묘사하기란 불가능하다. 거기에는 고유의 해석양식이 있다. 그것이 그림이건 사진이건 그것은 하나의 구조물, 그것도 우리가 만든 구조물이다. 만약 그림이 당연히 세계를 반영하는 것이라면 회화의 양식이 그렇게까지 극적으로 변화할 수는 없다. 그림 역시도 그 양식은, 다시 말하면 그림을 읽는 방법은 하나의 관행이며 따라서 훈련인 것이다.

르네상스 회화의 예를 들어보자. 르네상스의 전형적인 회화는 원근법과 단축법foreshortening 등의 기법이 그 특징이다. 이것이 중세 회화와의 커다란 차이이다. 우리는 2차원의 평면을 통해 거기에서 깊은 공간을 본다. 거기에는 소실점으로 향하는 기하학적 원근법이 있다. 그러나 이것은 당연한 것은 아니다. 2차원은 2차원일 뿐이다. 우리가 평면에서 공간을 읽어내는 것은 이를테면 그림의 규약에 대한 이해와 설명과 동의에 의해서이다.

언어에도 이와 같은 규약이 있다. 바로 문법이다. 우리는 문법을 언어를 읽는 법으로써 배운다. 이러한 동의된 규칙하에서 언어는 이를테면 세계에 대한 하나의 그림으로써 작동하게 된다. 우리는 언어를 바라보면서 우리가 그림을 바라볼 때 그러한 것처럼 그것이 묘사하고 있는 것을 머릿속에 떠올릴 수 있다.

이것은 음악에 있어서도 마찬가지이다. 음악은 먼저 음악적 기호로써 나타난다. 만약 우리가 화성학과 대위법 등에 대한 적절한 경험과 지식이 있다면 우리는 그 기호의 배열에 준해 실제로 연주되는 음악을 미리 듣는다. 이것이 악보 읽기score-reading이다. 악보는 실제 음악에 대한 하나의 그림인 것이다. 또한 이것이 소쉬르의 랑그langue와 파롤parole의 관계이기도 하다.

언어를 이와 같이 하나의 그림으로 파악할 때 우리는 거짓명제가 어떻게 존재할 수 있는가를 알 수 있다. 거짓명제는 '말해질 수 없는 것'에 속하지는 않는다. 말해질 수 없는 것은 명제일 수 없기 때문이다. 말해질 수 없는 것은 그 명제에 대응하는 그림이 전혀 그려지지 않는 것이다. 그러나 거짓명제는 그림으로써 작동한다. 단지 그 그림은 같은 체계 내의 그림과 모순 관계에 있을 뿐이다.

"다섯 마리의 분홍 코끼리와 다섯 마리의 초록 코끼리가 축구를 하고 한 마리의 티라노사우루스가 심판을 보고 있다"는 명제에 대해 생각해보기로 하자. 우리는 이것이 무엇을 그린 것인가를 쉽사리 파악할 수 있다. 그러나 동시에 우리는 이 명제가 거짓명제라고 생각한다. 어떻게 이러한 것이 가능하겠는가? 분홍 코끼리는 이를테면 관념연합이다. 여기서 분홍색과 코끼리는 모두 우리의 경험적 세계에 속해 있다. 그러므로 우리는 재빨리 분홍 코끼리라는 그림에 대응하는 동물을 마음속에 품는다. 그러나 이 연합된 관념은 어딘가 수상하다. 그것은 우리가 현재 알고 있는 다른 그림들과 모순된다. 분홍색 코끼리는 없다. 초록색 코끼리도 없다. 동물은 축구를 할 수 있는 지능이 없다. 티라노사우루스에게는 축구경기의 심판을 볼 수 있는 지능이 없다… 이와 같은 명제들이 기존 명제로서 자리 잡고 있고 이것은 새롭게 제시된 축구하는 이상한 코끼리들과 모순된다. 이때 전체의 명제 시스템에 비추어 보았을 때 모순되는 명제는 거짓으로 판정된다.

이것이 거짓명제가 존립할 수 있는 근거이다. 거짓명제는 실증적인 그림이지만 모순되는 그림이다. 거짓은 존재하지 않는 명제가 아니라 단지 참이 아닌 명제일 뿐이다. 따라서 기존의 그림들과 모순 관계에 있는 그림은 일단 거짓명제이다. 새로운 과학적 가설이 거짓이 되는 이유는 여기에 있다. 새로운 가설은 기존 가설과 충돌하기 때문이다. 만약 새로운 가설이 참인 명제로 드러난다면 기존의 명제가 모두 거짓명제로 판명 나게 된다. 만약 축구하는 코끼리를 발견한다면 기존의 동물과 관련된 그림은 모두 폐기되고 새로운 과학이 대두될 것이다. 이것이 패러다임의 변화이다.

벗어나고자 하는 시도는
새장에 부딪힐 뿐이다

To go out means just to run into the cage

비트겐슈타인은 명제의 체계를 자의적arbitrary인 것으로 본다. 이를 테면 그가 보는 과학은 세계의 물리적 총체성에 대한 공동체의 합의에 지나지 않는다. 여기에 필연은 없다. 어떤 과학적 시스템이 알 수 없는 어떤 동기로 우리 머리 위에 자리 잡고 우리는 그 우연적 체계에 편입된다. 비트겐슈타인이 '새장cage'이라고 말하는 것은 이 과학적 체계라는 그물이다.

이 우연적 세계는 모두가 단일 차원에 존재하는 바, 그 차원은 우리의 경험이라는 차원이다. 비트겐슈타인은 이 차원 외에 다른 차원은 '말해질 수 없는 것'으로 본다. 이를테면 형이상학이나 신학 등은 이 경험과는 다른 차원에 있으므로 말해질 수 없는 것이다.

전통적인 윤리학은 언제나 필연에 대해 말한다. 왜냐하면 그것은 당위이며 따라서 명령이기 때문이다. 칸트는 이것을 정언적categorical이라고 말한다. 만약 누군가가 "너의 이웃을 사랑해야 한다"라고 말한다면 이것은 우연적 사실에 대해 말하는 것이 아니다. 필연적이고 항구적으로 우리 이웃을 사랑해야 한다고 말하는 것이다.

그러나 비트겐슈타인은 이러한 것은 없다고 말한다. 실증적인 세계는 우리의 경험에 입각한 세계이고 그 경험은 사물에 대한 것이 아니라 우연적 사실의 집적에 대한 것이다. 세계는 우연히 그렇게 되어 있을 뿐이다. 왜냐하면 어떤 공동체의 신념 혹은 합의는 단지 우연적인 것이기 때문이다.

윤리학이 사실상 하나의 학문이 될 수 없는 이유는 그것이 필연에 대해 말하기 때문이고 무조건성을 가정하기 때문이다. 그것은 실증과학과는 차원을 달리한다. 비트겐슈타인은 "철학은 과학 위나 아래에 있는 어떤 것이 아니라 그 옆에 있는 어떤 것"이라고 말한다. 이것은 철학이 과학과 차원을 달리해서는 안 된다는 사실을 말하는 것이다. 우리는 때때로 우리 세계에 윤리적이거나 신학적인 명제를 끌어들인다. 그러나 그것은 가당치 않은 일이다. 왜냐하면 그것은 우연이라는 새장의 밖에 있는 것이기 때문이다. 새장을 벗어나려는 시도는 무의미하고 덧없는 시도이다.

철학은 하나의 활동일 뿐이다

Philosophy is just an activity

무의미한 질문이 있다. 이러한 질문에 대한 적절한 답변이란 없다. 여기에 대한 가장 현명한 해결책은 애초에 그 질문을 하지 말았어야 한다는 사실을 밝히는 것이다. 전통적으로 철학이라는 학문은 언제나 올바른 의문에 대한 요구를 가진다. 과학은 질문의 의미와 유의미를 따지지 않는다. 거기에서는 이미 질문이 확정되어 있다. 해답이 없을 뿐이다. 그러나 철학은 그와 같지 않다.

$ax^2+bx+c=0\,(a\neq0)$이라는 이차방정식의 일반해는 $\dfrac{-b\pm\sqrt{b^2-4ac}}{2a}$ 이다. 삼차방정식의 일반해도, 사차방정식의 일반해도 존재한다. 이제 오차방정식의 일반해를 구해야 한다. 즉 $ax^5+bx^4+cx^3+dx^2+ex+f=0(a\neq0)$의 일반해를 구하는 문제가 대수학의 새로운 이슈가 된 적이 있었다. 그러나 수없이 다양한 시도에도 불구하고 오차방정식의 일반해는 구할 수가 없었다. 19세기의 아벨이라는 수학자는 오히려 오차방정식의 일반해를 구할 수 없다는 사실을 증명한다. 즉 '오차방정식의 일반해는 무엇인가?'라는 질문은 애초에 잘못된 질문이었다는 사실이 밝혀진 것이다.

이러한 질문은 해결된다기보다는 해소되는 것이다. 다시 말하면 이러한 질문은 질의자의 요구를 충족시키는 것이 아니라 잘못된 질문이라는 사실을 밝힘으로써 해소된다. '자와 컴퍼스만으로 각을 삼등분하는 방법' 역시도 같은 종류의 질문이다. 이 질문에 대한 답변은 각을 삼등분하는 방법을 찾아내는 것이 아니라 각을 삼등분할 수 없다는 사실을 증명함으로써 해소될 수 있다.

비트겐슈타인이 생각하기에 전통적인 철학적 질문들은 이와 같은 성격을 지니는 것이었다. 신은 존재하는가? 세상은 창조되었는가, 저절로 생겨났는가? 개념에 대응하는 실재가 있는가, 그렇지 않은가? 이와 같은 질문들은 사실은 성립할 수 없는 질문이었다. 이러한 질문에 대한 답변이 비트겐슈타인이 말하는 바 '말해질 수 없는 것'이다. 철학을 구성하는 이러한 질문들과 그에 대한 답변은 완전히 무의미한 것이다.

다시 말하면 실증적인 검증이 불가능한 질문은 애초에 묻지 말았어야 할 질문이다. 문제는 이러한 의문을 제기하고 또한 거기에 대한 답변을 제시하는 경우가 항상 발생한다는 사실이다. 인간은 형이상학적 동물이다. 누구나 자신의 존재 의의에 대해 궁금하게 여긴다. 그러나 존재 의의에 의문을 품는다는 사실과 거기에 대한 답변을 한다는 사실이 같지는 않다. 비트겐슈타인은 형이상학에 대한 모든 이야기는 명제가 될 수 없다고 말한다. 그의 이러한 견해는 매우 급진적으로 보이지만 사실은 경험론적 철학의 입장에서는 당연한 것이다.

인간은 자신의 존재 의의를 설명해줄 확정된 의견을 구한다. 존재의 덧없음에 대한 우리의 두려움은 거짓된 위안을 구하기 때문이다. 플라톤의 실재론이나 구교적 신앙에 기반한 신학이 계속해서 설득력을 갖는 동기는 여기에 있다. 비트겐슈타인은 말해질 수 있는 것과 말해질 수 없는 것을 가려내는 '활동'이 철학의 새로운 영역이라고 말한다. 언제라도 명제를 위장하는 거짓명제를 명제의 세계에서 추방하는 것이 철학이라는 영역에 부여된 새로운 임무이다.

철학은 더 이상 자체 내에 고유의 탐구 주제를 가진 전통적인 학문일 수 없다. 학문으로서의 철학은 소멸한다. 철학은 단지 말해질 수 없는 것들, 거짓 위안이 우리 세계로 들어오는 것을 막는 하나의 활동이 된다. 나중에 카뮈는 존재론적 견지에서 삶의 한 양식으로서의 반항la revolte에 대해 말한다. 비트겐슈타인과 카뮈는 각각 인식론과 존재론에서 같은 사실을 말하고 있다.

확정된 의미와 목표를 상실했을 때 인간은 거짓을 불러들여 허구적 위안에 잠기고자 한다. 그러나 병든 행복은 정상적 불행보다 더 나쁘다는 것이 철학자들의 결의이다. 이러한 신념이 철학을 하나의 활동으로 만든다.

말해질 수 없는 것은 보여져야 한다

What cannot be said must be shown

형이상학, 신학, 윤리학, 미학, 정치철학, 논리학 등은 철학에 속한 과목들이다. 만약 우리가 경험론적 철학에서 출발해서 철학을 재정립한다면 위의 여러 과목 중 유일하게 논리학만이 살아남는다. 칸트는 그의 선험적 인식의 틀로 감성과 오성의 형식을 드는 바, 비트겐슈타인에게 있어서는 이 틀이 논리학이 된다. 물론 논리학 역시도 선험적인 것으로서가 아니라 단지 알 수 없는 동기에 의해 우리에게 합의된 사유의 형식으로의 의미를 지닐 뿐이다.

논리학을 제외한 기존 철학의 나머지 영역은 '말해질 수 없는 것'이다. 비트겐슈타인의 이 선언은 단지 은유적인 것만은 아니다. 이것들은 사실상 존립 근거가 없다. 극단적인 경험론은 어떠한 종류의 비실증적인 대상들도 인정하지 않기 때문이다. 여기에서 중요한 것은 말해질 수 없는 것들이 무의미한 것은 아니라는 사실이다. 비트겐슈타인에게 "당신은 그렇다면 신이 존재하지 않는다고 생각하느냐?"라고 묻는다면 그는 아마도 "그것은 답할 수 없는 문제이다"라고 말할 것이다. 이것은 매우 중요한 문제이다. 비트겐슈타인이 말해질 수 없다고 말할 때 그는 그 존재를 부정하거나 존재 자체가 무의미하다고 말하는 것은 아니라는 점이다. 따라서 존재의 궁극적인 의미나 윤리적 행위의 문제는 무시될 수 없다.

중요한 것은 이것들은 하나의 이론적 학문으로 정립될 수는 없다는 사실이다. 형이상학적, 신학적 신념은 구속력을 지니지 않는다. 그것들은 실증적 학문이 아니기 때문이다. 이러한 것들과 관련된 신념은 이론이기보다는 하나의 믿음으로써 철저히 개인에게 속한다. 만약 누군가가 신의 존재를 믿는다면 그는 여기에 준해 행동하면 된다. 그러나 그것을 말할 수는 없다. 말한다는 것은 객관적 의의와 동의를 요청하는 것이기 때문이다.

미학도 마찬가지이다. 아름다움에 대한 취향은 구속력이 없다. 칸트 역시도 "취미 판단에는 구속력이 없다"고 말한다. 아름다움의 이론은 말해질 수 없다. 아름다움은 단지 창조되거나 감상될 뿐이고 이것은 철저히 보여져야 할 것이지, 말해져야 할 것은 아니다.

Self before God

키르케고르

신 앞의 단독자
Self before God

키르케고르 Kierkegaard (1813~1855) ─────────────────────

덴마크 출신의 철학자이자 신학자. 헤겔, 셸링 등의 관념적 철학에 대한 혹독한 비판가였으며 당시의 기독교에 대해서도 매우 비판적이었다. 그는 최초의 실존주의 철학자로 알려져 있다. 아마도 그는 중세의 오컴이나 근대의 개신교의 정신을 계승한 가장 중요한 신학자일 것이다.

경험론적 인식론하에서의 신앙은 실존적 신앙에 이른다. 신앙의 역사에서 이러한 종류의 신앙이 실존주의에 의해 처음 시작된 것은 아니다. 경험론적 인식론이 현대 철학사에 처음 도입된 것이 아니듯이 실존적 신앙 역시도 키르케고르에 의해 처음 시작된 것은 아니다. 신앙에 대한 이러한 이념은 신앙의 역사에 있어 중세시대부터 이미 중요한 문제였다.

로마제국 시대의 아타나시우스파와 아리우스파의 갈등 역시도 근본적으로는 이 문제를 둘러싼 것이었다. 겉으로 드러나기로는 삼위일체trinity의 문제로 알려진 정통과 이단의 문제는 불가피하게 '알 수 있는 신'과 '알 수 없는 신' 사이의 문제와 얽히게 된다. 전통적인 가톨릭은 알 수 있는 신을 가정하지만, 나중에 새롭게 대두될 개신교는 알수 없는 신을 가정하게 된다. 키르케고르의 신앙은 알 수 없는 신에 기초한다.

기독교가 안고 있는 가장 큰 문제 중 하나는 그것이 새로운 신과 새로운 신앙이라는 사실에 있었다. 그 종교가 의미 있기 위해서는 예수를 신으로 만들 필요가 있었다. 그러나 예수를 신으로 만드는 것은 모세의 율법 가운데서 우상의 문제와 부딪히게 된다. 이것은 피치 못할 사실이었다. 신의 가시적 형상을 우상이라 한다면 인간으로 현현한 예수 역시도 우상일 수밖에 없었다. 예수는 심지어 인간이었기 때문이었다. 초기 기독교의 바울은 그리스의 실재론을 이용해서 이 난국을 돌파한다. 실재론은 개별자 가운데 공통으로 존재하는 개념을 개별자보다 더 우월하고 선험적인 것으로 판단한다. 성부와 성자와 성령은 물론 개별자이다. 그럼에도 불구하고 이 삼위는 그 각각의 개별성에 앞서 존재라는 공통의 본질을 지닌다. 이 공통의 본질에 의해 이 삼위는 개별자이며 동시에 하나이다. 예수는 물론 인간이라는 개별자이지만 성부와 성자라는 공통의 본질, 즉 개념 때문에 하나인 것이다.

이것이 바로 아타나시우스의 입장이었고 초기 교부들 대부분의 의견이 이와 같았다. 예수를 신으로 만들어야 유대교로부터 독립한 새로운 신앙이 가능했다. 그러나 아리우스는 모세의 율법을 자구적으로 해석하며 예수의 신성을 부정한다. 경험론적 입장을 견지한 아리우스는 개별자는 고유의 개별자일 뿐, 그 개별자가 다른 개별자와 함께하는 공통의 본질 따위는 존재하지 않는다고 주장한다. 따라서 이들은 예수를 단지 한 명의 인간으로 본다. 예수는 구약에 나오는 예언자의 오랜 계보에 새롭게 편입되는 새로운 예언자일 뿐이다. 따라서 아리우스파는 기독교를 유대교로부터 완전히 독립한 새로운 종교로 받아들이기보다는 단지 갱신된 유대교로 보고자 한다.

아리우스가 이단의 판정을 받음에 의해 기독교와 그리스 철학은 피치 못하게 얽히게 되며 고대 이래의 철학이 주로 플라톤 철학의 영향하에 있었던 것처럼 신앙 역시도 매우 실재론적인 것이 된다. 하늘 아래 새로운 것이 없듯이 현대에까지 이르는 신앙의 가장 근원적인 문제는 이미 신앙이 발생하면서부터 시작되었다. 실재론적 신앙은 신을 하나의 개념으로 파악한다. '말씀이 곧 신'인 것이다. 따라서 신은 인간의 지성에 부응한다. 우리는 기하학을 이해하듯이 신을 이해한다.

잠복해 있던 아리우스의 이념은 12세기 중반 몇 명의 철학자들에 의해 전면적으로 대두된다. 이들이 소위 말하는 유명론자들이다. 이들의 신학은 당시의 스콜라 철학의 양식에 맞추어 논리학으로 시작한다. 가우닐론과 로스켈리누스, 오컴 등은 공통의 본질common nature을 가정해야 할 이유가 없다고 말한다. 이들은 단호하게 "개별자만이 존재한다"고 말한다. 이러한 이념하에서 신은 하나의 개념으로 파악될 수 없으며 따라서 우리 지성의 이해의 범위를 넘는다.

이러한 흐름은 1517년에 터져 나온 루터의 새로운 요구를 기점으로 기독교 사회에서 근본적인 주제로 부상하게 된다. 루터는 "오로지 신앙만으로sola fide"라고 부르짖으며 신을 만족시킨다고 믿는 구교적 관행과 교권계급을 무의미한 것으로 만든다. 만약 우리가 신에 대해 모른다면 신앙과 관련한 우리의 행위 역시도 무의미해진다. 신에 대해 알 수 없는데 우리의 어떤 행위가 신을 기쁘게 하는지 어떻게 알 수 있겠는가?

키르케고르의 실존적 신앙은 이러한 흐름의 현대적 개정판이라 할 만하다. 현대와 근대의 단절은 현대가 현존의 해명이 연역적으로 불가능하다는 사실을 깨달음에 의해 개시된다. 이것은 신앙과 관련해서도 마찬가지이다. 인간의 현존은 신의 존재를 원인으로 한다는 것이 전통적인 신앙의 신학이었다. 그러나 문제는 인간 인식의 한계에서 발생한다. '내가 무엇을 아는가?'가 현대 철학의 출발점이다. 만약 경험론을 우리 인식론의 기저로 간주할 경우-간주하지 않을 근거도 없다-우리의 감각적 경험을 벗어나는 것에 대한 인식은 불가능하다는 불가피한 결론에 이르게 된다. 이때 신은 우리 인식의 범위를 벗어나게 된다.

알 수 없는 신에 대한 신앙은 어떠한 것이 되는가? 이것이 오늘날 진지한 신앙인이 직면한 문제이다. 이에 대해 신학자 칼 바르트는 '연속적인 파산'에 대해 말한다. 우리의 신앙은 신 앞에서 한없이 겸허해진다는 것을 의미한다. 우리는 신에 대해 알지 못하며 따라서 신에 대해 어떠한 태도를 지녀야 하는지, 우리의 신앙이 어떠한 것이 되어야 하는지 모른다. 우리에게 남는 것은 오로지 '믿는다'는 사실뿐이다. 신에 대해 올바르다는 결의는 순식간에 붕괴되고 우리는 신앙의 폐허에서 다시 한 번 신을 향해 다가가기 위해 노력해야 한다. 이것은 시시포스가 바위를 밀어 올린다는 그 사실 말고는 아무것도 지닌 게 없는 것과 같다.

키르케고르가 '신 앞의 단독자'를 말할 때의 의미는 이것이다. '오로지 신앙만으로'라는 개신교의 이념은 '신앙뿐 아니라 행위에 의해 구원받는다'는 로마 가톨릭교의 이념과는 완전히 상반된다. 키르케고르에게 있어 신의 뜻에 부응하는 신앙의 행위는 없다. 왜냐하면 신의 뜻을 모르기 때문이다. '신 앞의 단독자'라는 언명은 이렇듯 신에 대해 어떤 것도 모르는 채로 신에게 다가가는 것을 의미한다. 모두가 신 앞에서 벌거벗었다. 교황이나 주교조차도.

실존은 본질에 앞선다

Existence precedes essence

사르트르Jean Paul Sartre (1905~1980) ─────────────

프랑스의 실존주의 철학자. 희곡작가, 소설가, 정치운동가, 문학 비평가이기도 했다. 그는 20세기 프랑스 철학과 마르크시즘의 가장 중요한 인물이며 동시에 실존주의 철학에 있어서 가장 핵심적인 인물이다. 1964년에 노벨상 수상자로 선정되었으나 거부했다.

본질essence과 실존existence의 문제는 분석철학에 있어 단순자the simples와 명제proposition의 관계와 같다. 명제는 세계에 대응하고 단순자는 세계의 분석적 이론에 대응한다. 현대 철학이 과거와 그은 가장 큰 단절은 단순자에서 세계에 이르는 연역적 과정을 더 이상 유의미한 것으로 보지 않는다는 사실에 있다. 이것은 앞에서도 언급한 대로 단순자의 존재 혹은 그 진위가 확인되지 않기 때문이다.

전통적인 철학자들은 현존-실존주의자들은 이것을 '실존'이라고 부른다-을 본질에서 연역된 것으로 여겼다. 전통적인 철학자들이 원인의 원인, 제1원인, 원인 그 자체 등을 말할 때에는 사르트르의 '본질'을 달리 말하고 있을 뿐이다. 현대는 본질에 대해 애매한 태도를 취할 수밖에 없게 되었다. 그러나 본질이 확정되지 않았다 해서 현존이 부재하는 것은 아니다. 우리 자신이 현존이기 때문이다.

실존에 대한 우리의 신념은 전통적으로는 본질이었다. 이것은 유클리드 기하학에서 정리의 권위가 그 공준에 기초한다고 믿어져온 바와 같다. 문제는 그 공준의 참임이 증명되지 않는다는 사실에 있다. 근대 세계는 그 공준에 대해 자명하다고 말해왔다. 그러나 경험론이 대두된 이래 '자명하다'는 것은 곧 독단의 다른 말이 되고 말았다. 증명되지 않는 것은 증명되지 않는 것일 뿐이지 거기에 자명성 따위는 없다. 신학에 있어서도 마찬가지이다. 신이 현존의 원인, 즉 본질이어 왔다. 그러나 신의 존재는 증명되지 않는다. 이에 대해 안셀무스나 기욤 드 샹포, 토마스 아퀴나스 등은 신이라는 개념이 존재하는 것 자체가 곧 신의 존재를 의미한다고 주장했다. 그러나 이것 역시도 신의 존재의 자명성에 대해 말하고 있을 뿐이다. 따라서 이러한 류의 존재 증명은 현대 철학에 있어서는 하나의 독단이다. 이러한 종류의 인식론에 대한 존재론의 문제가 실존주의 운동을 불러일으킨다.

이때 명제가 단순자를 요청하듯이 실존이 본질을 요청한다. 즉 실존이 먼저 있고 거기에 준해 본질이 요구된다. 이것이 실존은 본질에 앞선다는 명제의 의미이다. 전통적으로 실존은 본질에 준해 설명되어왔다. 이것은 이를테면 현재가 과거에 준해 설명되는 것과 같다. 현재는 과거로부터 연역되는 것이다. 그러나 역사학에 있어서도 과거의 의미가 모호해졌다. 이것은 역사적 사실historical fact 혹은 사료에 대한 정의 규명에서 명확히 드러난다. 상식적인 사람들은 '엄존하는 사실'이라는 신화를 믿는다. 그러나 사료에 대한 이러한 규정은 곧 모순에 봉착한다. 그것은 우선 사료의 선택에서 발생한다.

과거의 수많은 사실 중 역사적 사실의 자격은 어떤 기준으로 부여

되는가? 고대에 수없이 많은 사람들이 루비콘 강을 건넜다. 그중에서 시저의 도하만이 역사적 사실로 기록되는 동기는 어디에 있는가? 이러한 기준이 사실 그 자체에 내재해 있지 않은 것은 분명하다. 왜냐하면 사료의 선택은 현재에 속한 역사가의 몫이기 때문이다. 결국 역사적 사실의 자격은 현재에 비추어 결정된다. 현재를 형성하는 데 있어서의 유의미 혹은 무의미가 과거의 특정한 사실을 역사적 사실로 만들기도 하고 그렇지 않기도 하다. 현대의 역사철학자들은 이 사실을 충분히 인식하고 있다. 그들은 '역사는 과거와 현재의 대화'라고 말한다.

사르트르 역시 '존재란 본질과 실존의 대화'라고 말했더라면 좀 더 정확하고 공정한 판단이었을 것이다. 그러나 사르트르는 아마도 실존에 앞서는 본질을 말해온 전통에 대한 반발로 과장을 했을 것이다. 어쨌건 연역적 사유 양식이 몰락하고 있던 배경이 철학적 존재론에 있어서 사르트르의 이와 같은 언급을 가능하게 했다.

세계를 따라 명제가 만들어진 것이 아니라 명제에 준해 세계를 이해하듯이, 우리는 실존에 대한 고찰이 우리의 본질을 요청하리라 믿는다. 이것이 20세기의 실존주의이다.

카뮈

네 신념은 여자의 머리카락만 한 값어치도 없다

Your belief is not worthy of woman's hair

카뮈Albert Camus (1913~1960)

프랑스의 철학자, 저술가, 저널리스트. 앙드레 브르통의 초현실주의 운동에 강력히 반대했다. 그의 《이방인(L'Étranger)》과 《페스트(La Peste)》는 실존주의 문학의 가장 중요한 소설들로 종종 꼽히지만 카뮈 스스로는 자신이 실존주의자가 아니라고 주장했다. 1957년 노벨문학상을 수상하였다.

이것은 카뮈의 소설《이방인L'Étranger》에서 주인공 뫼르소가 감옥으로 그를 찾아온 신부를 향해 소리친 것이다. 뫼르소는 별다른 이유 없이 아랍인을 권총으로 살해한 이유로 사형선고를 받고 형이 집행되기를 기다리고 있다.

실존주의를 불러일으키는 근원적인 동기는 현존이 해명되지 않는다는 사실에 있다. 우리는 언제라도 우리 실존의 해명을 그 본질에 돌린다. 예를 들어 피타고라스의 정리라는 현존이 있다고 하자. 우리는 면적과 기타의 관련된 하부 정리sub-theorem를 통해 이것을 증명한다. 그러나 그 하부 정리는 다시 증명을 기다린다. 그러나 이러한 과정이 무한히 계속될 수는 없다. 이 과정은 가장 근원적인 어디에선가 멈춰야만 한다. 유클리드 기하학에서는 이 근원적인 것이 다섯 개의 공준이다. 이것을 P_1, P_2, P_3, P_4, P_5라고 하자. 피타고라스의 정리는 결국 P_1, P_3, P_5의 세 개의 공준으로 수렴하게 된다. 이것은 실존의 문제와 관련한 적절한 예이다.

페스트가 도시를 휩쓸고 많은 사람들이 죽어 나가고 있다. 이때 이 사건 역시도 원인에 의한 해명을 기다리게 된다. 도대체 이 사건의 원인은 무엇인가? 이때 과학적 설명은 무의미하다. 우리는 세균의 감염 경로와 그 작동과정에 대해 물론 알고 싶어 한다. 그러나 이것은 우리의 물리적 조건을 변경시키기 위한 목적이지, 실존적인 것은 아니다. 우리의 실존적 의문은 도대체 왜 이러한 비극이 발생하는가, 이 비극의 의미는 무엇인가 등이다.

카뮈의 다른 소설에서 파늘루라는 신부는 페스트의 유행이 '신의 연단'에 의한 것이라고 말한다. 신이 참된 인간(알곡)과 그렇지 않은 인간(쭉정이)을 가리기 위해 인간에게 가하는 유의미한 시련이라는 것이다. 이러한 신부의 판단은 곧 형이상학적인 견지에서 우리의 실존에 대하여 설명하고 있다. 즉 페스트라는 정리는 신의 연관이라는 공준으로부터 연역되었다는 것이다.

그러나 본질이 실존을 설명하지 못하는 경우가 대두된다. 이것이 한계상황marginal situation이다. 도대체 신의 어떤 연단이 아무 죄도 없는 어린아이를 죽게 하는가? 신부는 여기에서 크게 동요한다. 본질에서 실존을 잇는 연역의 끈은 믿을 수 없는 것이 된다. 이 끈은 끊어진다. 이제 실존은 연역에서 해방되어 허공을 부유하게 된다. 실존의 이러한 측면이 비극과 자유를 동시에 내포하고 있다. 우리의 실존이 아무런 근거 없이 허공을 부유하고 있다는 사실은 두려움과 비극성을 부른다. 우리는 소속감 없는 삶을 공포스럽게 여긴다. 이것이 키르케

아포리즘 철학

고르가 말하는 불안angst이다. 현존이 설명되지 않은 채로 덧없이 떠돌고 있다는 것은 커다란 공포이다.

그러나 이 불안의 문제에 대해 사르트르는 좀 더 긍정적이다. 그는 불안에서 자유를 포착한다. 우리를 연역적으로 묶는 끈이 소멸함에 따라 우리의 행위를 선험적으로 규제할 원칙도 사라졌다. 따라서 우리는 무한대의 자유를 가진다. 우리를 창조해 나가는 것은 우리 자신이다. 거기에는 우리에게 미리 한계를 그어주는 어떤 원칙도 없다.

키르케고르는 심지어 선택조차도 무의미하다고 말한다. 어느 쪽을 선택해도 마찬가지이다. 자유가 있기 때문이다. 단지 거기에는 선택을 뒷받침하는 결의만이 있다. 나쁜 선택은 없다. 단지 선택을 뒷받침해주지 못하는 나쁜 의지만이 있을 뿐이다.

뫼르소는 열정적이고 강직한 사람이다. 그는 삶이 어떤 연역적 동기에 의해서도 설명되지 않는다는 사실을 알고는 절망에 빠져든다. 그는 세상이 정한 모든 윤리적이고 법적인 기준이 사실은 어떤 필연적 원칙 위에도 기초한 것이 아니라는 사실에 또한 절망한다. 이제 삶은 아무렇게나 되어도 좋다고 생각한다.

그는 단지 짜증스럽다는 이유만으로 살인을 저지른다. 모친의 죽음과 관련해서도 슬픔이나 최소한의 격식조차 보여주지 않는다. 그는 오히려 일반적인 도덕의 원칙에 비추어 패륜이라고 할 만한 짓들을 서슴지 않는다. 자기 존재의 의미가 어떤 동기에 의해서도 확고하고 유의미한 토대 위에 기초할 수 없다는 사실을 알게 된 그는 삶이 아무렇게나 되어도 좋다고 생각한다.

체포되어 재판을 받는 뫼르소는 경멸과 분노의 대상이 된다. 그가 저지른 살인의 동기는 이해할 수 없는 것이며 그의 일상 역시도 일반적인 기준에 비추어 너무나 부도덕하기 때문이다. 그러나 아마도 뫼르소는 자기 자신에게 윽박지르는 그들을 향하여 되묻고 싶었을 것이다. 당신네들의 도덕과 윤리의 기준은 무엇이냐고. 도대체 어떤 기준에 의해 자신은 나쁜 사람이고 당신들은 올바른 사람이냐고.

물론 그는 실정법을 어겼다. 법은 실증적인 것이므로 위반에 대하여 그만한 대가를 치르도록 요구한다. 그렇다면 법에 의한 처벌만으로 충분하다. 거기에 세계관과 이념과 윤리관에 의한 도덕적 비난이 더해질 이유는 없다. 그것은 이를테면 '말해질 수 없는 것들'이다. 누가 거기에 대해 아는가?

자신을 회개시키기 위해 감옥으로 찾아온 신부에 대한 뫼르소의 분노는 여기에서 비롯된다. 도대체 신부가 얘기하는 여러 종교적 교의들은 어떤 동기하에 그 올바름을 주장할 수 있는가? 만약 신부가 진정으로 자신에게 정직한 사람이어서 스스로 안다고 믿고 있는 원리들의 근거를 조금만 살펴보아도 사실은 자신이 아는 것도 없는 채로 믿음을 떠벌였다는 사실만을 알게 될 것이다.

뫼르소가 "너의 신념은 여자의 머리카락만 한 값어치도 없다"고 소리치는 동기는 여기에 있다. 뫼르소는 또한 신부에게 당신이 아는 것은 도대체 무엇이냐고 묻는다. 신부는 스스로가 되어 살고 있는 것이 아니라 교의에 의해 살고 있다. 신부의 삶은 소외된 삶이다. 뫼르소의 분노는 거기에 있다.

문자는 인간에게 복지를 가져다주는 동시에 본질적인 것을 앗아간다

Letters bring welfare to mankind and at the sametime deprive the essential

레비스트로스Claude Lévi-Strauss (1908~2009) ─────────────

프랑스의 인류학자. 제임스 프레이저와 더불어 현대 인류학의 아버지로 불린다. 그는 야만적인 문화나 문명화된 문화의 그 저변에는 동일한 구조적 체계를 가지고 있다고 주장한다. 그의 이러한 주장은 주저 《슬픈 열대(Tristes tropiques)》에서 절정에 달한다. 그는 이러한 구조적 통찰에 의해 스스로를 구조주의 자라 부르지만 이것은 기의의 자의성에 비추어 약간의 의심을 부르고 있다.

레비스트로스의 이 발언에 사실상 새로운 것은 없다. 베르그송은 이미 "언어는 관념을 배반하고 문자는 정신을 죽인다"고 말한다. 방금 죽은 시체는 생명을 위장한다. 어떤 생명과 정신과 관련된 것이 기호로 나타나는 순간 거기에서는 생생함이 소멸된다. 우리의 개념은 생생함의 감쇄에 의해 얻어지는 것이다. 여기서 말하는 '문자'는 기호를 대표하고 있다. 따라서 이 언급은 기호학적인 성격을 지니고 있다. 문명은 기호 속에 고정된다. 기호는 공동체의 동의에 의한-따라서 기표의 입장에서는 매우 자의적인-상징체계가 된다. 이것은 세계를 설명하는 하나의 양식이다. 이러한 체계가 없다면 문명은 불가능하다.

우리는 기호를 통해 사유한다. 우리의 교과서는 모두 기호를 사용해서 기술된다. 의학 교과서는 위장, 대장, 소화기관 등등의 보통명사로 가득 차 있다. 이러한 보통명사야말로 아마도 가장 중요한 기호일 것이다. 우리의 의학과 진료는 이러한 기호적 전개 없이는 성립할 수 없다.

레비스트로스나 베르그송이 이러한 기호에 불만을 표하는 것은 그것이 단지 문명만을 위해 만들어졌음에도 불구하고 오히려 우리 삶의 전체인 듯한 모습으로 위장하기 때문이다. 즉 개별적인 위장이 지닌 고유성과 생명성은 사라지는 것이다. 레비스트로스가 위의 언급에서 본질적인 것이 소멸된다고 말할 때에는 어떤 대상이 기호로 고착되기 전에 지녔던 생생한 생명성, 원초적인 생명성의 소멸을 이야기하는 것이다.

레비스트로스와 베르그송은 생명의 형상화와 고착화가 우리 문명을 가능하게 했지만 이 와중에 소멸되어간 자연과의 일체성-베르그송이 말하는 생명의 약동에 의해 되찾게 될-에 대해 말하고 있다. 예술사상의 표현주의는 이러한 이념에 기초한다. 이들은 모두 우리의 지성을 직관에 통합시키라고 말한다. 자연과의 일체가 우리를 구원한다는 것이다.

데리다

텍스트 밖에 존재하는 것은 없다

Nothing is outside the text

데리다Jacques Derrida (1930~2004)

프랑스령 알제리에서 태어난 프랑스 철학자. 그가 '해체'라고 말하는 비판철학은 후기 구조주의 혹은 포스트모더니즘 철학으로 불리고 있다. 그는 40여 권 이상의 책을 저술했다. 그의 광범위한 활약은 그를 매우 유명한 사람으로 만들었으나 그의 철학과 의도된 난해성은 오늘날까지 많은 논쟁을 낳고 있다.

이 언급은 비트겐슈타인의 '언어의 한계가 세계의 한계'라는 언급에 대응한다. 새로울 것은 없다. 소쉬르로부터 시작된 구조주의가 현대에 미친 영향은 결정적이었다. 언어를 통시적으로가 아닌 공시적인 것으로 접근함으로써 소쉬르는 현대의 성격을 규정짓게 된다. 현대의 문화구조물은 과거로부터 연역된 것이 아니었다. 그것은 현존이며 과거와 단절된 것이다. 이것은 현재를 과거로부터 연역시켜온 기존의 언어학과는 완전히 상반되는 새로운 이념이었다.

현재의 언어를 통시적인 결과물로 본다는 것은 언어가 세계를 본떠 만들어진다는 가정에 의한다. 최초의 언어는 사물에 직접 닿는 것이었고 현재의 언어는 이 과거의 언어들이 변화한 결과물이다. 그러므로 현재 언어의 환원적 분석이 언어의 정체를 그리고 세계의 정체를 밝혀줄 것이다. 그러나 소쉬르는 언어의 연구를 계속 지배해온 이러한 언어학에 반기를 든다.

그는 언어를 기표와 기의로 나눈 다음 기표의 항구성에 비추어 기의는 자의적인 것이고 우연적인 시스템이라고 규정짓는다. 이것은 마치 우리의 과학적 시스템이 자의적인 것과 같다. 어떤 과학적 시스템이 다른 과학적 시스템을 대체하는 일반적인 원칙은 현재까지 밝혀진 바가 없다. 과학 교과서는 우연적인 것이고 단지 공동체의 신념 체계일 뿐이다. 중요한 것은 우리가 세계를 이해하는 것은 세계를 바라봄에 의해서가 아니라 과학 교과서를 바라봄에 의해서라는 사실이다. 과학 교과서에 없는 것은 세계에도 없다. 만약 세계에 무엇인가가 있다면 그것은 이미 과학 교과서에도 실려 있을 것이다.

위의 언급은 이러한 사실을 텍스트에 적용시켜 말한 것일 뿐이다. 물론 데리다는 텍스트 안에 모든 것이 제한됨으로써 발생하는 사회적인 문제가 있다고 본다. 문자라는 것 자체가 하나의 지배도구이며 인간 타락의 온상이라는 것이다. 이를테면 그는 문명비평가의 입장에 선다. 그러나 그의 말이 설득력이 있으려면 그는 문명 밖에서 먼저 살펴봐야 할 것이다.

푸코

그것은 '권력'이라는 단어였다

It is the word 'power'

푸코 Michel Paul Foucault (1926~1984)

프랑스 출신의 철학자, 사회이론가. 그는 사회제도에 대한 비판적 연구로 가장 유명하다. 그는 1960년
대에는 구조주의에 몸담았지만 곧 그 이념으로부터 멀어지게 되고 또한 후기 구조주의, 포스트모더니
즘도 거부한다. 그는 단지 칸트에 뿌리박은 근대성에 대한 비판자로 남기를 원한다. 그는 특히 니체주
의자임을 공언하며 스스로를 니체주의자라고 부른다. 니체의 지식의 계보는 니체의 도덕의 계보로부터
직접 유추된 것이다.

푸코의 이 발언에는 '정의는 강자의 이익'이라는 트라시마코스의 주장이 메아리치고 있다. 푸코는 모든 것은 권력관계의 문제라고 생각한다. 광인과 죄수 등은 결국 권력관계에서 국외자局外者로 규정되어 있다는 것이 그의 주장이다. 푸코의 견해를 그 자체로만 따진다면 옳다. 결국 마키아벨리가 옳다는 것을 부정할 수는 없다. 사회에 대한 이러한 분석은 포스트모더니즘에서 주장하는 해체로 귀결된다.

푸코에 대한 논의에 있어 유명론을 빼놓을 수 없다. 20세기 철학자들 중 비트겐슈타인을 제외하고는 누구도 그다지 독창적이지 않은 이유는 모두가 비트켄슈타인과 소쉬르에 기생하기 때문이다. 고대의 소피스트들, 중세의 유명론자들, 근대의 종교개혁가들과 마키아벨리스트들, 근대 후반기의 경험론 철학자들, 쇼펜하우어, 니체, 다윈, 마르크스 등의 폭로주의자들은 모두 자기 시대의 언어로 동일한 유명론을 말하고 있을 뿐이다. 이러한 유명론의 현대적 개정판이 포스트모더니즘 철학이며 푸코의 위치 역시도 여기에 있다.

유명론은 '개별자만이 존재한다'고 말함으로써 보편적 기준의 부재를 설교한다. 이때 보편적 기준은 선험적인 것일 수 없다. 그것은 단지 힘의 문제가 된다. 주류와 비주류라는 구분이 단지 권력을 쥐었느냐 그렇지 않느냐에 따라 결정되듯, 모든 것은 권력에 따라 결정된다. 존재하는 것은 실정법이기 때문이다. 푸코는 평생을 통해 권력관계가 모든 것에 얼마만큼 스며 있는가를 밝힌다. 그러나 푸코의 이러한 연구에는 새로운 것이 없다. 누구나 알고 있지 않은가, 힘이 모든 것을 결정하고 있다는 사실을.

보드리야르

진리란 합의된 가치의 산물

Truth is just the product of agreed value

보드리야르Jean Baudrillard (1929~2007)

프랑스의 사회학자이자 철학자. 미디어와 대중소비에 대한 이론으로 유명하다. 현대인은 기능에 따라서가 아니라 기호에 따라 소비한다고 주장하였으며 실재가 환각으로 대체될 때 그것을 시뮬라시옹(Simulation)이라 하고, 그 대체물을 시뮬라크르(Simulacre)라고 했다. 현대 예술의 하이퍼리얼리즘과 관계있다.

변덕스런 감각인식과 확고하고 한결같은 이성의 대비는 플라톤 이래 실재론적 철학의 보편적 주제였다. 이때 유의미한 것은 물론 이성이었다. 이성은 우리와 독립한 객관적 실재에 대응하기 때문이다. 이성에 부여해온 이러한 신뢰는 데이비드 흄이 거의 반박하기 어려운 논거로 인과율의 정체를 밝혀내면서 의심받게 된다. 자연세계의 작동원리에 일치하는 것으로 믿어져왔던 이성에 의한 인과율은 사실 우리 감각의 누적이 고정시킨 매우 가변적인 것이었다.

철학의 문제는 언제나 우리 인식의 객관성과 보편성-인식론적으로는 보통 선험성이라고 말하는-을 어떻게 확보하느냐를 싸고돈다. 계속해서 서양철학을 지배해온 이념은 세계에는 우리와 독립한 실재가 있으며 우리 이성은 이 실재에 준하는 능력을 가지고 있다는 것이었다. 이것이 실재론이다. 이론은 요구를 반영한다. 이러한 실재론에 대한 요청은 세계의 고정성과 확고함을 구하는 요구에 기초하며 따라서 이것은 사회적으로는 기득권자의 요청이다.

그리스의 민주주의가 점차 주도적인 정치체제로 변화해 나갈 때 그리스의 실재론은 소피스트들에 의해 위협받으며, 중세 말에 이르러 도시가 발생하고 교역이 활성화되면서 토지귀족의 권위가 점차 몰락해갈 때 중세의 실재론적 신학은 유명론자들에 의해 위협받는다. 오늘날 실재론의 완전한 붕괴는 현 세계가 인류 역사상 유례없을 정도로 민주적이라는 사실을 반영한다.

우리가 보는 것은 무엇인가? 다시 말해 우리는 무엇을 아는가? 이 것이 가장 중요한 문제이다. 경험론자들은 우리가 우리의 감각 외에는 아무것도 볼 수 없다고 주장한다. 즉 우리의 감각인식이 세계와 우리 사이를 막는 장벽으로 작동한다는 것이다. 우리가 객관적 실재라고 믿었던 것은 사실은 우리 감각인식의 믿을 수 없는 종합이었다. 거기에 객관성이나 선험성 등은 없었다. 따라서 진리는 객관성을 잃는다. 그것은 일종의 상식common sense이었다.

우리가 진리라고 믿고 있는 사실이 하나의 가설에 지나지 않는다는 것과 객관적 진리란 애초에 불가능하다는 선언은 전적으로 다르다. 전자의 경우는 새로운 노력의 가능성에 대해 열려 있지만 후자의 경우에는 회의주의와 불가지론이 세계를 지배한다. 문제는 어떤 종류의 사회석 합의가 없다면 공동체가 성립할 수 없다는 사실에서 발생한다. 공동체는 심지어 세계의 물리적 총체성-과학이라고 말해지는-에 대해서도 통일된 신념을 가질 것을 요구한다. 이때 진리는 사회적 합의에 의해 결정된다.

모든 것은 결국 우리 자신에게로 수렴한다. 이것이 보드리야르가 진리에 대해 품고 있는 생각이다.

롤랑 바르트

신화는 현실의 속을 뒤집어 거기에서
역사를 비워내고 자연을 채워넣는다

Myth upsets the reality and replaces history with nature

롤랑 바르트 Roland Barthes (1915~1980) ───────────────────

프랑스의 문단 이론가, 철학자, 비평가, 기호학자. 그의 이론과 활동은 다양한 영역에 걸쳐진다. 그는 구조주의, 기호학, 인류학 등에 지대한 영향을 미친다. 포스트모더니즘 이론의 확장에도 큰 공헌을 하였다.

롤랑 바르트가 '신화'라고 말할 때의 의미는 '텍스트화된 진리'이다. 텍스트화된 진리는 화석화되고 견고해지면서 스스로 변화를 거부하는 독단으로 굳어지게 된다. 레비스트로스나 데리다는 텍스트화되었을 때의 이러한 독단의 위험성을 문자가 지닌 위험성으로 대체시켰을 뿐이다. 이들은 음성의 생명성과 문자의 메마름을 대비시킨다.

바르트는 위의 언급에서 신화의 형성과정을 폭로하는 바 이러한 폭로가 유명한 포스트모더니즘의 해체deconstruction이다. 신화의 형성은 귀납적 사례에 의한다. 즉 신화는 귀납추론에 의해 형성된다. 어떤 사람들인가가 검은 까마귀 $a_1, a_2, a_3 \cdots$ 등등을 계속 경험했다고 가정하자. 이 사람들은 '까마귀는 검다'라는 일반화된 a_n 명제를 만들어낸다. 이것이 이를테면 신화이다. 이들은 이제 새로운 까마귀 a에 대해 그것은 검다고 미리 결정한다. 왜냐하면 a_n이라는 명제에서 연역하기 때문이다. 이때 a_n이라는 명제는 차별화된 우월적 지위를 누린다. 그것은 하나의 reference이다.

그러나 신화의 우월적 지위는 허구에 기초한다. 왜냐하면 그것의

아포리즘 철학

출신성분 역시 귀납적 사례이기 때문이다. 자갈 가운데서 골라낸 특별한 자갈이 다이아몬드일 수는 없다. 그것 역시 자갈이다. a_n 역시도 귀납추론의 결과이므로 연역의 기초가 될 수는 없다. 그러나 신화에 의해 이익을 보는 사람들은 a_n에서 귀납적 사례들을 비워내고 선험적이고 항구적인 성격, 즉 자연을 채워넣는다. (바르트가 말하는 '자연'은 아리스토텔레스가 말하는 자연과 같다. 즉 그 자연은 현상의 본래적인 이데아로서의 자연이다.) 이것은 부당하다.

아래 다이어그램을 참고하자.

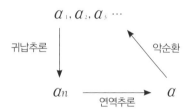

만약 a_n이 귀납추론에 의한 것이라는 사실을 솔직하게 인정하면 결국 우리의 모든 추론 과정은 악순환에 처한다. a_n의 참임이 기껏해야 $a_1, a_2, a_3 \cdots$ 등등에 의해 보장받을 때 a_n에서 연역된 a 역시도 그것이 참이라는 사실을 믿을 수 없기 때문이다.

　　철학적 아포리즘들이 매혹적인 이유는 그것이 간결하고 함축적이며 명석한 우아함을 가지기 때문이다. 심미적 우아함을 위해 간결함은 필수적인 요소이다. 기하학적 공준이 다섯 개가 아니라 오십 개였다면 유클리드 체계의 우아한 아름다움은 증발했을 것이다. 또한 아포리즘의 이해에는 커다란 이점도 동반한다. 그것을 통해 우리는 그 철학자가 가장 심혈을 기울여 도출해낸 결론을 포괄적으로 이해할 수 있다. 아포리즘은 심미적 즐거움 가운데 우리의 사유능력을 키운다.

　　금화가 제시되면 잔돈푼은 저절로 떨어진다. 중요한 철학적 언명에 대한 이해는 금화를 손에 쥐는 것과 같다. 그 주위를 싸고도는 희끄무레한 설명들은 상대적으로 덜 중요하거나 명제의 이해를 통해서 저절로 알게 되는 것들이다. 따라서 철학적 명제를 따라가는 철학적 학습은 시도의 이유가 있다.

이 책에서는 고대에서 현대에 이르는 대부분의 중요한 철학자들이 다 제시된다. 따라서 인식론, 존재론, 윤리학, 정치철학, 논리학 등의 철학의 제 분야가 다 탐구된다. 이것은 충분히 흥미 있는 탐구이다. 특히 중세의 비중 있는 철학자들-당시에 그들은 모두 신학자였지만-이 모두 의미 있게 다뤄진다. 중세도 어느 시대 못지않게 지적이고 활기 있는 시대였다. 특히 중세 말의 유명론에 대한 자세한 탐구는 이 책의 특징 중 하나이다. 이 책은 또한 현대 철학에도 비교적 많은 비중을 두었다. 우리가 사는 시대에 대한 이해는 절박하게 요구되는 것이기 때문이다.

필자는 배타적이고 아카데믹한 전문적 용어나 탐구양식을 배제하였다. 중요한 것은 전문적 지식이 아니라 건전한 상식이기 때문이다. 철학은 어렵지만 명제는 반드시 그렇지 않다. 이 책을 통해 독자가 좀 더 철학이라는 신비스러운 세계에 접근하기를!

아포리즘 **철학**
간결하고 매혹적인 철학에의 탐구

초판 1쇄 발행 2012년 4월 30일
초판 2쇄 발행 2012년 5월 10일

지은이 조중걸
펴낸이 김남중
책임편집 이수희
마케팅 이재원

펴낸곳 한권의책
출판등록 2011년 11월 2일 제25100-2011-317호
주소 121-883 서울 마포구 합정동 411-12 3층
전화 (02)3144-0761(편집) (02)3144-0762(마케팅)
팩스 (02)3144-0763
종이 월드페이퍼 **인쇄·제본** 현문인쇄

값 14,000원   ISBN 978-89-968777-0-7 03100

국립중앙도서관 출판시도서목록(CIP)

아포리즘 철학 : 간결하고 매혹적인 철학에의 탐구/조중걸 지음.
--서울 : 한권의책, 2012
p. ; cm

ISBN 978-89-968777-0-7 03100 : ₩14000

서양 철학사 [西洋哲學史]
인식론 [認識論]

160-KDC5
190-DDC21   CIP2012001705